高校田径运动理论与实践述论

曹晓明 著

北京工业大学出版社

图书在版编目（CIP）数据

高校田径运动理论与实践述论／曹晓明著. —北京：北京工业大学出版社，2025.7 重印
ISBN 978-7-5639-5976-1

Ⅰ.①高… Ⅱ.①曹… Ⅲ.①田径运动—运动训练—教学研究—等学校 Ⅳ.①G820.2

中国版本图书馆 CIP 数据核字（2018）第 148754 号

高校田径运动理论与实践述论

著　　者：曹晓明
责任编辑：刘亚茹
封面设计：王　斌
出版发行：北京工业大学出版社
　　　　　（北京市朝阳区平乐园 100 号　邮编：100124）
　　　　　010-67391722（传真）　　bgdcbs@sina.com
经销单位：全国各地新华书店
承印单位：三河市元兴印务有限公司
开　　本：787 毫米×960 毫米　1/16
印　　张：12.5
字　　数：222 千字
版　　次：2021 年 10 月第 1 版
印　　次：2025 年 7 月第 4 次印刷
标准书号：ISBN 978-7-5639-5976-1
定　　价：48.00 元

版权所有　翻印必究

（如发现印装质量问题，请寄本社发行部调换 010-67391106）

前　言

　　田径运动是最古老的运动项目，也是目前世界上衡量一个国家和地区体育运动水平高低的重要标准。在高校跨专业选修学分等背景之下，体育专业特色里的教学与训练等愈加被人们所重视。在倡导提高人文素养的今天，对高校田径运动的理论与实践的探讨仍有其必要之处。

　　本书本着把握实质，注重思想，优化结构，体现思维，与时俱进，理论与实际相结合的撰写思想，既把握整体又突出重点，表、图、文结合对相关理论予以阐述，可以让读者对高校田径运动有一个全面了解，不仅有相应的理论意义，还具有一定的实际价值。

　　从内容安排上，本书第一章为田径运动理论，主要是对田径运动的溯源、田径运动的功能与分类、我国田径运动的发展状况；第二章为田径运动技术原理与教学研究，对田径运动的技术原理研究和田径运动教学进行探究；第三章是田径运动健身理论，分别就田径运动健身概念、田径运动健身练习与设计、田径运动健身的作用与方法、田径运动健身的指导与评价予以说明；第四章是田径运动的组织与裁判，对田径运动竞赛的组织、田径运动竞赛的裁判、田径运动竞赛的编排系统进行介绍；第五章、第六章、第七章分别为田径运动走跑类项目实践述论、田径运动跳跃类项目实践述论、田径运动投掷类项目实践述论。主要对田径运动走类项目实践述论、田径运动跑类项目实践述论，田径运动跳跃类项目技术动作、田径运动跳跃类项目技术训练，田径运动投掷类项目技术动作、田径运动投掷类项目技术训练进行分析讨论。

整体上说，本书在参考大量文献的基础上，结合作者多年的教学与研究经验撰写而成，全书内容丰富，逻辑清晰，图文结合。希望可以为广大读者提供一定帮助。

在本书的撰写过程中，得到了许多专家学者的帮助，同时参考了许多相关的文献，在这里表示真诚的感谢。同时，限于水平，虽经多次细心修改，书中仍然不免会有疏漏与不足，恳请广大读者批评指正。

作者

烟台南山学院

2018 年 4 月

目 录

第一章 田径运动理论 ································· 1
 第一节 田径运动的溯源 ··························· 1
 第二节 田径运动的功能与分类 ······················· 8
 第三节 我国田径运动的发展状况 ····················· 14

第二章 田径运动技术原理与教学研究 ··················· 22
 第一节 田径运动的技术原理研究 ····················· 22
 第二节 田径运动的教学研究 ························· 41

第三章 田径运动健身理论 ····························· 57
 第一节 田径运动健身的概念 ························· 57
 第二节 田径运动健身的练习与设计 ··················· 60
 第三节 田径运动健身的作用与方法 ··················· 68
 第四节 田径运动健身的指导与评价 ··················· 73

第四章 田径运动竞赛的组织、裁判与编排系统 ··········· 76
 第一节 田径运动竞赛的组织 ························· 76
 第二节 田径运动竞赛的裁判 ························· 86
 第三节 田径运动竞赛的编排系统 ····················· 93

第五章 田径运动走跑类项目实践述论 ··················· 127
 第一节 田径运动走类项目实践述论 ··················· 127
 第二节 田径运动跑类项目实践述论 ··················· 134

第六章 田径运动跳跃类项目实践述论 ··················· 148
 第一节 田径运动跳跃类项目技术动作 ················· 148
 第二节 田径运动跳跃类项目技术训练 ················· 156

第七章　田径运动投掷类项目实践述论……………………165
　　第一节　田径运动投掷类项目技术动作………………165
　　第二节　田径运动投掷类项目技术训练………………181
参考文献……………………………………………………190

第一章 田径运动理论

体育运动承载着国家强盛、民族振兴的梦想，是一个国家综合国力的重要衡量标准之一，而田径运动作为体育运动的重要项目之一，一直是世界大国重点发展、培养与推广的运动形式。因此，田径运动在竞技体育和全民健身活动中都有着无可替代的作用。

第一节 田径运动的溯源

一、田径运动的发展过程

田径运动不仅是从远古时代祖先们与大自然和野兽抗争的动作发展到现今的一种竞技项目，而且深深地融入普通大众的日常生活之中，成为人们强身健体的健身方式之一。因此，在了解田径运动理论之前，首先探讨其发展的背景。

（一）田径运动的产生

田径运动作为体育竞技项目中产生得最早的一类运动项目，经历了漫长的发展过程，大致分为两个阶段。

1. 远古时代

在远古时代，生产工具落后，自然灾害频发，人类为了生存，不得不与大自然和各种凶猛的野兽进行抵抗和斗争，于是必须得通过不断行走、奔跑、跳跃各种障碍以及掷击石块、长矛等肢体活动，提高生存的机率。由于在日常生活中不断地重复这些动作，人类开始能够双脚行走，手与脚的分工逐渐明显，逐步演变和形成了快速奔跑、敏捷跳跃、准确投掷等技能，并且懂得利用岩石、木块制作简易的工具。在不断地繁衍和进化的过程中，人类有意识地开始把这些运动技能和生存方法传递给下一代。

另一方面，在远古时代，单人的力量十分薄弱，为了生存，人们往往选择聚居生活，但由于语言文字尚未形成和普及，于是在日常的生活中，人与人之间的沟通交流和娱乐方式以走、跑、跳跃、投掷的肢体动作和竞赛为主。田径运动正是在这种环境中逐步萌发。与此同时，为了繁衍后代，强壮的男性猿人通过与其他男性同伴进行比赛的方式，以博得女性猿人的青睐。渐渐地，人们开始在走、跑、跳跃、投掷等肢体动作上附加一些规则，这类运动方式便发展成为人们争地盘、抢食物的竞赛娱乐方式之一，从而促进了田径运动的诞生。

2. 古希腊罗马时代

在古希腊罗马时代，城邦林立，人与人之间信息的传递主要靠双脚行走。公元前490年，波斯人与希腊人在马拉松镇决一死战，最终以希腊人大获全胜，于是雅典战士菲迪皮茨为了把希腊战胜波斯的消息尽快送到雅典，从马拉松镇一直跑到雅典，传达了胜利的消息后便力竭而死。他的事迹感动了许多人，后来为了纪念他，便举行了从马拉松镇跑到雅典的比赛。

（1）跑步项目的产生

据史料记载，公元前776年在古希腊奥林匹亚村举行的第1届古代奥运会上，短跑已经成为广受追捧的热门比赛项目。英国是长跑的发源地，早在18世纪，英国就开始有职业选手参加长跑比赛。为了增加跑步的趣味性，在1864年，英国设立了跨栏跑项目，并在首届牛津大学与剑桥大学对抗赛中，第一次正式举行了跨栏跑比赛。

（2）跳远项目的产生

跳远作为最早的田径运动五项全能项目之一，早在公元前8世纪的古希腊奥运会上便已产生。随着田径运动的发展，在1896年雅典举行的第1届现代奥运会上，跳远被列为正式比赛项目。除此之外，跳远还演变出了三级跳的竞赛方式，该形式最早起源于古代日耳曼人和凯尔特人。公元前200年，凯尔特人在其举办的运动会上把三级跳列为比赛项目，随后爱尔兰人和苏格兰人在传统的三级跳形式上，对其进行丰富和发展，从而形成了现代三级跳远的雏形。19世纪中叶以后，三级跳比赛流行于欧洲各地，并形成了多种技术流派。

（3）跳高项目的产生

除了三级跳之外，爱尔兰和苏格兰还设立了跳高比赛。1800年，在苏格兰高地运动会中，正式把跳高列为田径运动主要比赛项目之一。随后，爱尔兰人在跳高的基础上，衍生出了撑竿跳高比赛，该项目初期是由撑竿或投枪作为支撑物越过深沟、水溪和围墙演变过来的。爱尔兰的塔里蒂安运动会将撑竿跳高一直举行到公元554年。后来，撑竿跳又从爱尔兰流传到苏格兰和英格兰，并逐渐得到完善和改进。直至1866年举行的费尔汉运动会上，撑竿跳高被列为正式竞技运动项目，并获得广大人群的认可和接受。

（4）链球、铅球和铁饼项目的产生

链球项目产生于英国。1850年，英国的一些大学开始将链球项目作为大学生田径运动比赛项目之一。1890年前后，美国人在英国人设计的链球基础之上，将其木柄改为铁柄，后来改为钢链，链球由此而来。战争时期，炮兵们为了娱乐，开始投掷炮弹相互竞赛，由此逐渐演变出了铅球比赛，因炮弹重量为16磅，即7.26kg，故此重量一直沿用至今。投掷铁饼是一项古老的田径项目，古代奥林匹克运动会五项全能中的"投盘"指的就是掷铁饼，当时使用的是石制圆盘，后来演变成了金属制圆盘，并与链球、铅球共同促进投掷运动的形成。

随着1896年第1届现代奥林匹克运动会的举办，100 m跑、400 m跑、800 m跑、1500 m跑、马拉松、110m栏、跳高、撑竿跳高、跳远、三级跳远、铅球和铁饼12个男子项目共同组成了田径运动的主要竞赛形式。如今，奥林匹克运动不只是一种体育活动，更是发展成为世界各民族、各国家之间和平友好的纽带。

（二）田径运动项目的正式形成

田径运动虽然历史悠久，但真正成为体育运动项目，被广泛传播并得以流行世界，则是在奥林匹克运动会的推动之下形成的，其形成过程大致可以分为三个时期。

1. 古希腊时期，田径运动项目的开创

在古希腊城邦，人们大多信奉神教，每逢重大的祭祀节日，各城邦都会举行盛大的宗教集会，以唱歌、舞蹈和竞技等方式来表达对诸神的敬意。于是在公元前776年，在古希腊奥林匹亚村举行了第1届古代奥林匹克运动会，这也是第一次有组织的、大规模的运动会，运动会项目主要包括跑、跳跃、投掷以及其他项目。自此之后，每隔4年举行一次奥林匹克运动会。因此，现代人们把古代奥林匹克运动会看作田径运动产生与发展的起源。

除此之外，古希腊氏族社会瓦解后，形成了200多个城邦，城邦之间为了利益，战争不断。各城邦为了提高军事实力，开始通过训练增强士兵们的体能，于是走、跑、跳跃、投掷等身体活动在古希腊时代成为增强人们体质的重要手段。田径运动在这种情况下逐渐发展起来，并形成了有组织的运动竞赛，为奥运会的产生打下了基础。频繁的战争给人们带来深重的灾难，于是为了和平，以达到减少战争、摆脱灾难的目的，各城邦之间约定在举行奥林匹克运动会期间停止战争。

2. 19—20世纪，现代田径运动项目的形成

随着古罗马帝国统一古希腊分裂城邦，罗马皇帝狄奥多西为加强集权统治，于公元394年，将古代奥林匹克运动会废止，田径运动竞赛也被中断。田径运动陷入了长达14个世纪（公元394—1800年）的衰弱期。直至19世纪初，文艺复兴运动解放了人们的思想，田径运动竞赛又在英国重新兴起。职业性的赛跑、竞走和有组织的苏格兰田径运动会相继在英国出现。1850年以后，业余田径竞赛也在英国大学相继展开，并且逐步设立了正式的田径竞赛项目。1896年，法国社会活动家皮埃尔·德·顾拜旦倡议，为加强世界各国之间的友好往来，应该恢复和召开奥林匹克运动会，于是第一届现代奥林匹克运动会突破重重阻挠，顺利举办，田径运动项目也伴随着第一届奥运会正式形成，并不断发展。

3. 20世纪，田径运动项目在世界范围内被广泛推行

田径运动真正成为一种标准化的运动项目，则归功于国际业余田径联合会成立。该协会的成立，大力地推动了田径竞赛的国际化发展，例如，在1912年，把田径竞赛项目第一名成绩设立为世界纪录；1928年首次将女子的5个项目列为第9届奥运会田径比赛项目。到目前为止，现代奥林匹克运动会已经举办了31届，田径运动竞赛项目由第1届的男子11项（无女子项目）发展到第31届的男子24项，女子23项，共47项。

除此之外，为促进田径运动项目的发展，其他国家间和世界性的田径运动竞赛也层出不穷。比如，1983年设立的每4年一届的世界田径锦标赛（1991年改为每两年一届）、1985开始每年举行的15场田联系列大奖赛、每两年举行一次的世界室内田径锦标赛等，都为各国田径运动员提供了很多比赛机会。

二、田径运动的内涵

（一）田径运动的含义

中华人民共和国成立之前，由于我国处于社会动乱的特殊时期，田径

运动这一体育运动形式尚未普及，田径运动的理论研究也处于空白阶段。因此，我国对于田径运动的含义普遍采用国际田径联合会的定义，即"包括径赛和田赛、公路跑、竞走、越野赛跑和山地赛跑"。中华人民共和国成立后，田径运动得到迅速普及，运动员的技术水平提高得很快，并且每年在国内都会举行规模较大的全国性田径运动会。同时，在国际性的各大赛事中，我国也积极选派国内优秀田径运动员代表参赛，并取得了优异的成绩。

随着田径运动在国内的迅速发展，人们锻炼健身的意识日益觉醒，我国对田径运动的理论研究也逐渐丰富完善。目前学术界将传统的田径运动概括为竞走、跑、跳跃、投掷和全能五个部分，以时间计算成绩的竞走和跑的项目叫"径赛"；以高度和远度计算成绩的跳跃、投掷项目叫"田赛"；由跑、跳、投部分项目组成的，用评分办法计算成绩的组合项目叫"全能运动"，此概念不仅详细地概括了田径运动项目的主要内容，而且从竞赛的角度对田径运动进行全面考量，为我国体育事业的发展奠定了坚实的理论基础。

（二）田径运动理论研究的重要性

随着我国体育强国战略的提出，田径运动已经不仅是代表国家荣誉和文化软实力的重要标准之一，提高全民身体素质，尤其是提高当代大学生的身体素质成为党和国家重点关注的对象。因此，研究者们对于田径运动含义不能仅从竞技体育这一方面来狭义地理解，而是应该从教育者的角度，以及高校环境的背景下，准确、全面、深刻地理解田径运动的概念，重新定义与认识田径运动。

在我国社会主义现代化建设中，田径运动在人们增强体能、增进健康、培养意志品质和提高社会适应能力等方面发挥着越来越大的作用。这就要求新时期的高校教育者们不能只把田径竞技视为田径运动的全部内涵和最终目的，而是应该从学生的角度，从学生群体的身体机能出发，开展形式丰富多样的各类运动项目，提高当代大学生的身体素质。只有扩大田径运动的内涵，扩充田径运动的内容，才可以更好地发挥田径运动的功能与作用，也可以有效地推动田径运动的普及与开展，最终为实现国家的繁荣与富强输送更多的德、智、体、美全面发展的复合型人才。

从内容上看，田径运动可以分为田径竞技运动和田径健身运动；从属性上看，又可以划分为竞技属性和健身属性。因此，田径运动不仅是竞技运动项目，也是增强人们体能、提高人们身体素质和开展全民健身运动的重要手段。此外，新时期习近平总书记提出的"中国梦"，更是要把"体育强国梦"与"中国梦"紧密结合,把体育事业融入实现"两个一百年"奋斗目标大格局中去谋划。对于高校体育教育工作者来说,要深化高校体育改革,更新体育理念,推动大学生体育、竞技体育、体育产业协调发展。

三、田径运动的特性

(一) 田径运动是人类身体的基本运动机能

从哲学的角度来看,运动是世界上任何事物的基本状态,具有复杂结构和功能的人体,通过走、跑、跳、投等在人类生活和劳动中的基本动能,可以极大地提高和锻炼自身的灵活度,从而为人们认识世界和改造世界提供基础性的条件。同样,田径运动是人体运动最基本、最普遍、最自然的活动形式,也是人类重要的生存技能。通过田径运动技术手段与方式进行健身锻炼,可以有效地提高人类身体各个器官的自我保护能力、基本活动能力和适应外部自然环境变化的能力,从而在身体表层形成一个"保护层",预防病毒细菌对人类身体的侵害。

(二) 田径运动具有大众性

1. 田径运动项目种类多,选择性大

在众多体育项目中,田径运动是包含运动项目最多的一种运动形式,因此,它可以为具有不同运动爱好、擅长不同运动项目的群体提供多样性的选择,并可以根据每个学生的身体状况设定不同的运动方式。在高校体育教育中,田径运动是最易推行、参与门槛最低的运动项目之一,也是最受学生们喜爱、最容易被人们接受的身体练习。通过制定科学合理的田径运动锻炼方案,可以有效、直接、全面地提高大学生身体健康素质。

2. 田径运动简单易学,受场地条件限制小

田径运动虽然种类繁多,但运动方式简单易学。一方面,田径运动对运动器材设备要求比较简单。人们参加运动时可根据条件,因陋就简,只要一双轻便的跑鞋,一身宽松舒适的运动衣,就可以轻松愉快地进行。另一方面,田径运动通常对活动场地没有严格的限制,如田野、公路、公园、广场、草地、沙滩等地,都可作为健身锻炼的场所,而且田径运动受时间、气候影响小,几乎可在任何余暇时间进行。除室内竞技比赛外,田

径运动都是户外活动，因而能使人们充分地与阳光、空气等自然条件接触，不仅可以提高人们对外界环境的适应能力，还能提高人体的抵抗力和各个机能。

3. 田径运动可激发人们运动积极性

随着人们生活水平的提高，物质条件的极大丰富，人们对身体健康的追求也表现出前所未有的热情。由于田径运动项目种类多、受场地条件限制小，不同年龄段、不同性别、不同身体状况和不同健康水平的人，在平常的运动锻炼中，可以自行地选择运动项目，自行地调控运动负荷，掌握运动强度，不易受到伤害，也不受参加人数的影响。大部分田径运动项目在一定时期之内都能取得一定效果，如健身减脂、畅通血管、增强新陈代谢等，因此，能够充分地调动人们运动的积极性和热情，并受到广大群众的欢迎和追捧。

（三）田径运动具有辅助性

在古希腊罗马时代，人们在战争时期为了传递信息，需要派遣善于奔跑的士兵来往于不同城邦之间，于是人们的各项身体素质逐渐得到很大的提高，并慢慢地演化成了各种田径运动项目。在现今的各大体育运动赛事中，不同种类的竞技运动项目都离不开跑、跳、投等基础技巧动作的练习，而田径运动为运动员所带来的速度、力量、耐力、柔韧和灵敏等身体素质为其他运动项目的发展奠定了基础。因此，许多体能训练师都把田径运动中的部分项目作为运动员训练的辅助性手段，从而提高运动员的竞技水平和身体素质。

（四）田径运动是金牌数最多的项目

从第一届古代奥林匹克运动会开始，田径运动就被列为正式的比赛项目之一。与其他竞技体育项目相比，田径运动项目种类繁多，仅从走、跑、跳、投等大项中就可以划分为诸多单项。此外，它也是任何大型运动会中比赛项目最多、参赛运动员最多的项目，这就使得在田径运动中产生的金牌数目大大超过其他体育运动赛事。

（五）田径运动具有竞技性

在现代体育竞技中，人类的身体潜能被充分挖掘，运动员之间的比赛成绩往往都是以秒、毫秒来区分，尤其是在高水平的田径运动比赛中，运动员的成绩越来越接近，比赛的胜负经常在毫厘之间。因此，田径运动的观赏性和竞技性大大增强。这主要体现为在比赛场上，运动员不再只是体能、技能等多方面因素的较量，而且是在严格的规则制约下，在激烈的竞争过程中，运动员充分发挥和利用智慧和心理超越对手，从而向广大观众呈现一场精彩纷呈的体育赛事。

（六）田径运动具有方法性

不同的运动项目，呈现出不同的技术方法。虽然田径运动所需的运动技能并不复杂，但是若想在激烈的比赛竞争中取得优异的成绩，正规的技术动作和训练方法起着至关重要的作用。从田径运动结构上分析，田径项目可以分为周期性、非周期性和混合性动作结构，不同类别的运动结构具有不同的技术特点，即使同一类别的运动也具有各自的特点。

因此，必须发现总结田径运动各个项目中的规律与技巧，在专业的教练和训练团队指导下，充分发挥运动员的协调配合的能力，调动人体各个器官的最大潜能，真正实现保持体能、节约时间、利用技巧三个方面的完美配合和统一。运动员需要不断改进自身技术，充分发挥个人的主观能动性，根据自身的技术特点和身体状况，找到一种符合自身风格特点的最优竞赛方式，从而在田径竞赛中出奇制胜。

第二节 田径运动的功能与分类

一、田径运动的功能

从医学的角度来说，生命在于运动，体育锻炼对于人们身心的健康发展具有积极的作用。高校田径运动研究是为了提高大学生的身体健康和心理素质，因此，高校教育者只有深入了解田径运动对人体的好处，才便于更好地开展体育运动教育工作。具体来说，田径运动的功能主要包括以下几个方面。

（一）强健体魄

学生们长期的伏案学习，不仅影响身体各个器官的正常运转，而且一些不良的生活习惯甚至损害了学生们正常的身体发育。因此，经常参加田径运动进行健身锻炼，不仅可以提高人走、跑、跳、投等基本活动能力，而且能促进学生们的学习效率，全面提高人的运动体能和健康体能。田径运动作为体育项目中内容最丰富一类，在锻炼人体各个肌肉和器官具有诸多优势，具体表现为以下几个方面。

①提高身体协调性与灵活性。在田径运动中，短跑和跨栏跑的训练可以有效地提高人体各个部分的协调能力，充分调动身体的潜能，使人体在极限运动条件下发挥各个组织器官的功能，提高人体动作的灵活性，明显改善中枢神经系统控制和支配肌肉活动的能力，提高人体运动的节奏感。

②提高心肺功能。心脏是保证身体各个机能有效运转的重要器官。田径运动长距离走和跑的锻炼，能够明显增强人体有氧工作的能力，发展耐力素质，同时能培养个体顽强拼搏、不屈不挠的精神品质。

③提高手臂肌肉力量。在日常的田径运动中，如果长期加强铅球、铁饼等投掷运动的训练，就可以明显增强肌肉力量，增强人体整体协调性和能力，从而有效改善身体素质，塑造完美的身材比例。

④提高腿部肌肉力量。立定跳远、三级跳、跳高等跳跃项目的练习，能有效地改善人体的空间本体感觉机能，提高身体的控制和平衡能力以及方位感觉和集中力，有利于增强身体的弹跳力和腿部肌肉力量，提高速度和协调性。

（二）提高心理素质

田径运动除了对人们的身体素质有极大的帮助之外，对人们的心理素质也有很大的影响，具体表现在以下三个方面。

1. 丰富情感

人们在日常生活当中，每天都会面对来自四面八方各种各样的问题和困扰。人类是一种情绪化的生物，喜怒哀乐是人们正常的情感表现，但面对失败和挫折能泰然处之，保持良好的情绪，能够驾驭自己的情绪，做情绪的主人，这是现代人成熟的一种标志。实践证明，运动，尤其是剧烈的运动，可以使人体大量出汗，进而使人摆脱消极情感的影响，改善人们的情绪状态，提高人们情绪的调节能力。

田径运动不仅是个人不断磨炼身体运动素质的过程，也是与同伴一起相互竞争，共同努力奋斗，培养情感的过程。长期坚持田径运动，会使个人情感体验强烈而又深刻。成功与失败、进取与挫折共存，欢乐与痛苦、忧伤与憧憬相互交织，但无论是积极的情感，还是消极的情感，都是我们人生经历中的宝贵精神财富。这些情感体验可以丰富人们的情感世界，有利于提高人们对消极情绪的抵抗能力。

2. 增强意志力

田径运动对增强人们的意志力有很大的帮助。运动是一种挑战身体极限、对抗疲劳的活动形式，它需要人们忍受剧烈运动所带来的各种身体不适，从而养成顽强的拼搏毅力。这就与人们日常生活中克服各种困难的情况相类似。因此，体育锻炼有利于增强人们应对挫折与困难的能力。

田径运动作为体育运动赛事的一种，不仅有利于人们意志力的形成，而且在激烈的比赛竞争中，还可以培养人们冷静理智地分析客观情况能力。对于长期进行田径运动的人来说，他们可以始终坚持既定的目标与方向，抵御外部环境的各种干扰，克服并抑制消极情绪和冲动行为的影响；在面对成功与喜悦时，可以不骄不躁，继续努力，争取更好的成绩；面对失败时，也能振奋精神，加倍苦练，战胜自我。

3. 提高大脑对身体的控制能力

在体育运动的过程中，身体各个部位的活动不仅需要大脑对外在复杂多变的客观环境做出正确、迅速的分析和判断，还需要综合地运用身体各种感觉，如听觉、视觉、触觉、平衡觉和本体感觉来感知动作形象、动作要领、肌肉用力程度以及动作时空关系，从而做出完整、正确的动作行为。

相较于其他运动形式，田径运动中走、跑、跳、投等运动形式简单而直接，可以激发人们大脑当中的运动思维和运动认知意识的产生，从而充分地调动人们眼、耳、口、鼻、手、脚等各个器官的运转。田径运动的训练可以强化练习者对动作的空间感知，从而调整人们大脑皮层的神经功能，协调中枢神经的兴奋和抑制过程，促使大脑皮层神经过程的均衡性和灵活性加强，增进大脑皮层对环境的判断分析能力，提高大脑对外界环境的反应能力，从而促进人体身心健康发展。

（三）提高人们的竞争观念

竞争是一个国家和民族不竭发展的动力源泉。在现代社会中，只有不断地努力竞争才能获得更加优越的生活资源，因此，一定的竞争能力是促进个体优秀发展的前提条件。体育运动中对胜利的竞争经历最能激发其对胜利的渴望，尤其是通过拼搏努力所获得的优异成绩，可以让人产生一种奋发向上的力量，增强人们的自信心。

在现代社会中，各类人才不断涌现，为了能在错综复杂的社会环境中脱颖而出，就必须提高自我的核心竞争力，而田径运动是一种简单、直接的竞赛方式，是人与人之间身体体能的对抗，因此，田径运动可以增强人们的竞争意识，使人们在生活中养成努力向上、积极进取的精神。与此同时，田径运动还能使人在各种不同的运动中感悟自我，加深对规则、秩序、策略的理解。从而使人们在不同的实践活动与公司组织中，既具有良好的竞争力，又能够快速地适应社会的发展。

（四）竞技观赏性

体育文化事业的建设是衡量一个国家综合国力的重要指标之一，而一个国家在世界范围内大型竞赛、运动会中所获得的奖牌数，则是评判一个国家体育事业强弱最直接的依据。田径竞技运动主要是通过走、跑、跳、投的角逐或竞争，来比运动员的速度、力量和反应能力。由于这种"对抗"很少与他人合作，竞技结果全凭个人的体能、智慧、技能和意志力的充分发挥，以及在这样的竞争中敢于挑战极限、超越自我和争当强者的信心与勇气，因而它既是一种公平的竞争，也是一种极具观赏性的运动项目，并且它所传达出"更快、更高、更强"的运动精神，更是激励人们从事各项竞技运动的重要源泉。

随着我国近些年体育强国战略的实施，我国体育健儿在世界大型综合性运动会中屡创佳绩。但是，由于亚洲人体质特殊，我国运动员在田径运动项目所获得的奖牌数，依旧没能赶超欧美。因此，我国体育事业逐渐将发展重心转移至田径运动上来。

（五）文化教育的功能

从国际范围来看，田径运动教育可以加强不同国家运动员之间的交流与合作，巩固两国之间亲密友好的关系，振奋民族精神。对于锻炼了大学生来说，田径运动严格的比赛规则和要求，需要每个运动员将个人成绩、名次、荣誉与整个团队、学校紧密结合在一起，这就在无形之中，锻炼了大学生恪守规则、注重合作、承担责任、维护集体荣誉感的优良品质。

另外，田径运动作为一种文化现象，一直是各级学校体育教育课程中的必修内容和重要教学内容。中华人民共和国教育部在制定全国普通高等学校体育课程中，也把田径类课程列为教育专业的9门主干课程之一，因此，这就要求高校体育教育工作者高度重视对田径运动理论的研究，以便更好地促进大学生身心健康、全面地发展。

二、田径运动的分类

根据国际田联在国际赛事上的规定，我国目前将田径运动主要分为竞走项目、跑步项目、跳跃项目、投掷项目、全能类项目五大类，其中跑步项目又可以具体分为短距离跑、中距离跑、长距离跑、超长距离跑、跨栏跑、障碍跑、接力跑、公路赛和越野赛等；跳跃项目具体可分为跳高、三级跳、撑竿跳高等；投掷类可分为铅球、标枪、铁饼、链球等，而全能类项目所包含的项目种类更加丰富，具体可见表1-2-1至表1-2-5。与此同时，田径运动竞赛出于公平公正的角度，根据性别的不同，分为男子组与女子组；根据年龄的不同，分为成人组和青少年组；此外，考虑到残疾人运动员身体状况的特殊性，还专门设置了残疾人田径运动项目。

当然，除了全球范围内大型综合性的田径运动竞赛项目之外，各个国家与地区会根据自身的需要、规模以及便利程度对田径运动进行分类，或者设置一些充满趣味性的田径运动项目。由此可见，田径运动项目作为一种广泛而基本的运动形式，在全球范围内深受欢迎和推崇。

1-2-1 竞走类项目

类别	成人		青少年			
	男子	女子	男子甲组	男子乙组	女子甲组	女子乙组
场地	20 000 m	5 000 m	5 000 m	3 000 m	5 000 m	3 000 m
	50 000 m	10 000 m	10 000 m	5 000 m	10 000 m	5 000 m
公路	20 km	10 km	—	—	—	—
	50 km	20 km	—	—	—	—

表1-2-2 跑步类项目

类别	成人		青少年			
	男子	女子	男子甲组	男子乙组	女子甲组	女子乙组
短距离跑	100 m	100 m	100 m	60 m	100 m	60 m
	200 m	200 m	200 m	100 m	200 m	100 m
	400 m	400 m	400 m	200 m	400 m	200 m
中距离跑	800 m	800 km	800 m	400 m	800 m	400 m
	1 500 m	1 500 km	1 500 m	800 m	1 500 m	800 m
	3 000 m	3 000 m	—	1 500 m	—	1 500 m

续表

类别	成人		青少年			
	男子	女子	男子甲组	男子乙组	女子甲组	女子乙组
长距离跑	5 000 m	5 000 m	3 000 m	3 000 m	3 000 m	3 000 m
	10 000 m	10 000 m	5 000 m	—	5 000 m	—
超长距离跑	马拉松 (42.195 km)	马拉松 (42.195 km)	—	—	—	—
跨栏跑	110 m栏（栏高1.067 m）400 m栏（栏高0.914 m）	110 m栏（栏高0.84 m）400 m栏（栏高0.762 m）	110 m栏（栏高1.00 m）200 m栏（栏高0.914 m）400 m栏（栏高0.914 m）	110 m栏（栏高0.914 m）300 m栏（栏高0.762 m）	110 m栏（栏高0.84 m）200 m栏（栏高0.762 m）400 m栏（栏高0.84 m）	110 m栏（栏高0.84 m）400 m栏（栏高0.762 m）
障碍跑	3 000 m	—	—	—	—	—
接力跑	4×100 m 4×400 m	4×100 m 4×400 m	4×100 m	4×100 m	4×100 m	4×100 m
公路赛和越野赛	包括马拉松在内的公路赛以及由大会决定的各种距离不等的公路赛和越野赛					

表 1-2-3 跳跃类项目

类别	成人		青少年			
	男子	女子	男子甲组	男子乙组	女子甲组	女子乙组
场地	20000 m	5000 m	5000 m	3000 m	5000 m	3000 m
	50000 m	10000 m	10000 m	5000 m	10000 m	5000 m
公路	20 km	10 km	—	—	—	—
	50 km	20 km	—	—	—	—

表 1-2-4　投掷类项目

类别	成人		青少年			
	男子	女子	男子甲组	男子乙组	女子甲组	女子乙组
掷铅球	7.26 kg	4 kg	6 kg	5 kg	4 kg	3 kg
掷标枪	800 g	600 g	700 g	600 g	600 g	500 g
掷铁饼	2 kg	1 kg	1.5 kg	1 kg	1 kg	1 kg
掷链球	7.26 kg	4 kg	6 kg	5 kg	4 kg	3 kg

表 1-2-5　全能运动类项目

组别	项目	内容和比赛顺序
成人男子	十项全能	第 1 天：100 m、跳远、掷铅球、跳高、400 m 第 2 天：110 m 栏、掷铁饼、撑竿跳高、掷标枪、1 500 m
成人男子	五项全能	跳远、掷标枪、200 m、掷铁饼、1 500 m
成人女子	七项全能	第 1 天：100 m 栏、掷铅球、跳高、200 m 第 2 天：跳远、掷标枪、800 m
青少年男子甲组	七项全能	第 1 天：110m 栏、跳高、掷标枪、400 m 第 2 天：掷铁饼、撑杆跳高、1 500 m
青少年男子乙组	四项全能	第 1 天：110m 栏、跳高 第 2 天：掷标枪、1 500 m
青少年女子甲组	五项全能	第 1 天：100 m 栏、掷铅球、跳高 第 2 天：跳远、800 m
青少年女子乙组	四项全能	第 1 天：100 m 栏、跳高 第 2 天：掷标枪、800 m

第三节　我国田径运动的发展状况

一、中华人民共和国成立前我国田径运动发展状况

虽然我国历史文化悠久，但田径运动项目最初却是由国外传入国内的。据历史资料记载，在 19 世纪末期，鸦片战争打开了中国封闭的大门，

大量外国文化和技术涌进中国，以田径、球类运动为主要内容的欧美体育，开始由基督教的传教士利用在华游学传教、创办学校教会的契机，将田径运动引入老百姓生活当中。例如，1878年在福建省莆田县建立的培元书院和1879年在上海建立的圣约翰书院，就有美国的教师设置体育课，教学生们跳高、赛跑、扔铁球等。

当时，在华创办的学校，不仅在日常教学过程中设置体育课程，还将相关田径运动项目编入教材，并且教会学校还借鉴西方的教学模式，利用有限的场地，不定期地举办田径运动会，丰富学生们的业余文化生活。此如，在1890年，上海圣约翰书院就举行了第一次以田径运动项目为主的运动会。由于我国当时政府主张全面学习西方技术与文化，于是这种新鲜有趣的教学活动在全国快速流行起来，极大地促进了现代田径运动在我国的萌芽和发展。

进入20世纪后，随着我国国门的进一步扩大，人们思想观念的转变，田径运动教材开始被越来越多的高校所引用，并且受到了广大学生群体和老百姓的欢迎，不同规模校际之间的田径运动比赛也不断增多。其中规模最大、参加人数最多、最具代表性的近代运动会，当属1910年10月18日至22日在南京举行的第1届全国运动会。此次运动会基本沿用了西方传统田径运动项目的内容，既为获得不同名次的运动员颁发奖牌，还在竞赛的过程中，设置专业性的裁判和规则。由此可以看出，田径运动竞赛已经开始从学校课堂向全社会蔓延发展。

但在中华人民共和国成立之前，由于国家尚未统一，生产力水平薄弱，战争频发，田径运动项目并没有被一直延续下去。从20世纪初至中华人民共和国成立前，我国只举办了7届以田径项目为主要比赛内容的全国运动会。虽然国家动荡不安，但是我国还是派出优秀运动员参加国际奥林匹克运动会。其中，在第10届奥林匹克运动会田径项目比赛中，我国仅有1名运动员，第11届奥林匹克运动会上我国参赛人数已上升至23人，第14届仅有3人。此外，我国还参加了1913年至1934年的共10届远东运动会。

从中华人民共和国成立前我国田径运动发展的过程来看，无论是田径运动，还是其他体育活动，发展都极其缓慢，国家整体经济发展水平还不高，田径运动在群众中更无法广泛开展，田径运动员的竞技水平也比较低，因而，在那段特殊时期，我国田径运动尚未形成规模。

二、中华人民共和国成立后我国田径运动的发展状况

中华人民共和国成立后，国家统一，人民安居乐业，经济文化事业也

开始稳步发展。党和国家领导人对我国体育事业的发展高度重视，并成立体育相关部门机构，大力推进体育事业发展。其中，仅在田径运动项目中就取得了较大成绩。例如，1957年，我国跳高运动员郑凤荣以1.77m的成绩，打破了当时1.76m的女子跳高世界纪录；1970年倪志钦以2.99m的成绩创造了男子跳高世界纪录。

1984年第23届奥运会，是中华人民共和国成立后首次派遣运动员参加的国际性大型田径竞赛。在奥运会比赛中，男子跳高运动员朱建华便斩获一枚铜牌。另外，朱建华还曾分别以2.37m、2.38m、2.39m的成绩连续3次创造了男子跳高世界纪录。同期，阎红、徐永久分别打破女子5 km、10 km竞走世界纪录。1988年第24届奥运会上，李梅素获女子铅球铜牌。1991年第3届世界田径锦标赛上，黄志红和徐德妹分别获女子铅球和标枪金牌。1992年第25届奥运会，陈跃玲获女子10 000 m竞走金牌，黄志红获女子铅球银牌，曲云霞和李春秀分别获得女子1 500 m和10 000 m竞走铜牌。

我国田径运动员在国际赛场上屡创佳绩，鲜艳的五星红旗一次又一次地飘扬在国际赛场上。1993年第4届世界田径锦标赛上，我国女子田径运动员获4金、2银、2铜奖牌的优异成绩。1993年我国第7届全运会上，曲云霞以3分50秒07的成绩创造了女子1 500 m世界纪录；王军霞以8分06秒11和29分31秒78的成绩分别打破女子3 000 m和10 000 m的世界纪录。1995年第5届世界田径锦标赛，黄志红获女子铅球银牌。1996年第26届奥运会，王军霞获女子5 000 m跑金牌和10 000 m跑银牌，隋新梅获女子铅球银牌，王妍获女子10 000 m竞走铜牌。1997年我国第8届全运会上，姜波以14分28秒00打破男子5 000 m跑世界纪录。2000年第27届奥运会上，王丽萍获女子20 000 m竞走金牌。

世界田径锦标赛是同奥运会一样获得国际广泛认可的大型田径赛事，自从中华人民共和国成立，至2006年1月，我国运动员总共参加了7届，共获得7枚金牌、5枚银牌和5枚铜牌。从所获奖牌数的分布上可以看出，我国运动员在女子竞走、中长跑、铅球、标枪、铁饼和男子跳高等项目上，成绩喜人。由此可见，我国田径运动正逐渐向世界先进水平靠拢。

我国田径运动发展的第一黄金期是在2004年希腊雅典奥运会上，我国田径队一举夺得了两枚金牌，分别是男子110 m跨栏选手刘翔与女子10 000 m跑邢慧娜。其中，男子110m栏选手刘翔不仅在决赛中以12秒91的成绩获得金牌，而且创造了亚洲的110 m栏的最高纪录，成为第一个获得奥运会田径短跑项目世界冠军的黄种人。除此之外，这个成绩还打破了的奥运会12秒96纪录，追平了英国选手科林·杰克逊1993年在德国斯图加特创造的 12 秒 91 的世界纪录。2006 年，刘翔又以 12 秒 88 的成绩打破了世界纪录，飞人刘翔的称号也在全国范围内广泛传播。刘翔的成功，不仅让全国观众首次将目光聚集在田径赛事上，而且激发了全国人民参与田径运动的热情。

2008 年，中国北京作为奥运会的主办方，我国体育健儿们在自己主场大放光彩，成了奥运史上中国代表团获得奖牌数最多，成绩最好的一届。但由于刘翔脚伤退役，中国田径队青黄不接，因此，此次奥运会中国田径队只收获 2 枚铜牌，分别是周春秀以 2 小时 27 分 07 秒的成绩获得马拉松项目第三名，张文秀以 74.32 m 的成绩获得链球项目第三名。

虽然刘翔受伤退役，全国人民为其惋惜，但中国田径队从未停止过拼搏努力。在 2011 年田径世界锦标赛中，中国田径运动员李艳凤以 66.52m 的成绩获得女子铁饼项目的冠军，这是中国运动员第一次问鼎田径世锦赛铁饼冠军。在 2012 年伦敦奥运会田径比赛中，陈定以 1 小时 18 分 46 秒的成绩获得男子 20 km 竞走比赛项目的冠军，并且创造了新的奥运会纪录，这是中国首枚男子竞走奥运会金牌，陈定也成为继刘翔之后，中国第二位获得奥运会男子田径冠军的选手。2013 年 8 月，我国田径运动员张培萌在上海举办的国际田联钻石赛中，以 20 秒 47 的成绩刷新了男子 200 m 短跑的全国纪录。

当时，许多国内外媒体认为，继刘翔之后，中国田径队已再难出现短跑冠军，但在 2015 年 5 月 31 日的国际田联钻石赛美国尤金站男子百米大战上，中国田径运动员再次吸引了全世界观众对中国短跑田径队的目光，苏炳添以 9 秒 99 的成绩，创造新的男子百米的全国纪录，同时成为第一个真正意义上跑进 10 秒大关的黄种人。对于中国田径队的后起之秀张培萌和苏炳添来说，他们能够在国际赛场上挑战欧美国家运动员的垄断地位，刷新国外媒体对中国田径队的刻板印象，从而为祖国争得巨大的荣誉，不仅提高了我国田径队整体的竞技水平，也极大地促进了田径运动在国内的发展。

近些年，中国田径队不仅在短跑项目上取得骄人成绩，还在跳高、竞走项目上勇夺金牌，刷新世界纪录。例如，2015 年 6 月 3 日，第 21 届亚洲田径锦标赛在中国武汉拉开帷幕，历时 4 天的赛程进行了 42 个项目的比赛，中国队以 15 块金牌的成绩位列各队之首。在比赛中，李玲以 4.66 m 的成绩打破女子撑竿跳亚洲纪录。2015 年 6 月 7 日，在国际田联竞走挑战赛的比赛中，中国选手刘虹将女子 20 km 竞走的世界纪录提高了 24 秒，以 1 小时 24 分 38 秒的成绩夺冠，这也是中国田径运动员时隔九年再一次打破并创造新的世界纪录。

不仅我国田径运动员在国际赛场上屡创佳绩，而且随着我国综合国力的提高，也开始承接大型的国际田径体育赛事。如2015年8月，我国北京首次承办世界田径锦标赛，这是继2008年奥运会后北京迎来的最重要的世界级体育盛会。此次锦标赛的举办对我国田径运动发展，可以说是意义非凡，既激发了田径运动在全国范围内民众广泛参与的积极性，也是我国田径队发展史上的又一座里程碑。

虽然我国田径运动的发展与新中国成立之前相比已经有了巨大的进步，但就从发展的全局来看，我国田径运动的综合竞技实力与美国、俄罗斯等田径强国来比仍有较大差距，部分项目甚至还未实现金牌零的突破，因此，中国田径运动的发展任重而道远。

从国际体育环境来看，国际田径强队群雄并起、高手林立；从国内体育环境来看，我国田径运动的发展也存在着诸多问题与不足。首先，群众性的田径运动开展得还不太普及，还不能根据我国人民特别是青少年的特点把群众性的田径运动真正地开展起来，使田径运动真正成为明显提高我国人民健康素质的重要手段。其次，我国田径队对于青少年和后备运动员的培养重视不足，许多中小学对少年田径运动员基础训练缺乏科学、专业性的训练方法和手段，致使我国田径队错失了许多有田径运动天赋和潜力的少年运动员。此外，目前国内家长和学校还是重视学生们文化课的学习和培养，对学生们从事田径运动或其他体育项目并不看好。

要想促进我国田径运动的快速发展，必须从中小学基础教育抓起。一方面，要加大体育运动在社会和学校的宣传力度，改变人们对体育事业是"不务正业"的消极印象；另一方面，要进一步开展好群众性的田径运动，组织更多的人民群众投身到田径健身运动的行列中来，真正做到全民大健身。此外，我国体育部门要做好田径运动员选才工作，抓好田径运动员的基础训练和科学训练，加大对田径运动资金投入，举办更多的大型、规范性的体育赛事，从而使田径运动比赛进入人们日常生活中，激发全民参与的热情和高潮。

三、我国高校田径运动的开展情况

（一）田径运动在高校中的地位与作用

高校田径教育作为中国田径运动事业的重要组成部分之一，它对于提高我国当代大学生身体健康素质具有举足轻重的作用。同时，田径教育理论的研究、田径课程的设置、田径教学方法的实践，是我国各类学校重点关注的方向，并且要根据各学校的体育教学条件和特点，培养高校自身鲜明的田径教育特色。因此，在高校体育理论研究中，首先应该注重对高校体育课程的设定和教材的编制，从而引导学生对田径运动的兴趣和爱好。其次，高校体育应该着重锻炼学生田径运动的实践能力，使学生在实践中感悟理论，体验运动的快乐，这才是我国高校田径运动健康发展的最佳路径。

但是，从目前我国高校体育发展情况来看，许多大学生主要还是偏爱各种球类运动，且球类运动比重有逐渐扩大趋势，这就造成了高校体育教学内容的"偏科"现象严重。据统计，在我国高校体育教学内容中，当代体育占22%，武术占20%，球类占19%，民俗类占14%，体操类占10%，水上、冰上类占9%，而田径类仅占6%。根据大学生的运动情况分析，虽然田径类运动比其他类型运动在娱乐性、技巧性、新奇性都较为薄弱，不足以吸引学生的兴趣，但是，这并不意味着当代大学生不喜欢田径运动，不重视田径运动。田径运动作为高校运动会主要的竞赛项目，一直是学校重点发展的对象，但实际情况是，高校的体育工作者在日常的教学工作中，缺乏对田径运动的组织、引导和训练，而且由于我国地域辽阔，各个地区生态环境差距大，也出现了体育发展不均衡的现象。例如，沿海地区或处于大河湖泊周围的城市过分注重水上体育运动的发展，东北三省则注重冰雪体育运动的发展，这就导致了大学生对其他体育运动项目发展的忽视。

除了地域因素对我国田径运动发展的制约之外，影响我国田径运动发展的因素还有资金来源、人才选拔、专业训练等方面。

（二）影响高校田径运动开展的因素

1. 资金来源

高校田径运动的顺利开展，需要一定的资金支持。由于高校运动员不仅需要训练场地和各种专业的训练器材，还需要活动经费以维持运动员参加各种类型的田径竞赛。但目前我国绝大部分高校的活动经费主要来源于学校本身的投入，非专业的运动队无法得到政府、教育部门的拨款，想得到企业赞助也是难上加难。非体育类普通高校自然不会把有限的经费过多地投入到运动队中，而校级田径运动队也无法利用自身条件筹集经费。因此，普遍高校的体育设施出现破旧老化、简陋单一、场地缺乏等问题，这就不利于高校田径运动教学工作的开展。不难发现，资金问题是制约许多非体育类高校田径运动发展的关键点。

2. 人才选拔

高校田径运动员主要来源于每年获得进入大学学习机会的高考毕业生，鉴于这类大学生大部分都是通过文化成绩被录取的，许多学生由于长年的应试教育，在田径运动能力上都较为薄弱。而真正的优秀运动人才，都在刚被发现其潜力时就被选入专业竞技体育机构或学校，这就导致普通高校在生源选拔上选择较少。此外，许多高校为了提高自身的运动水平，倾向于招收专业队的退役运动员。虽然此类运动员接受过专业的技能训练，并且拥有丰富的参赛经验，可迅速带领高校的运动队参赛，为学校获得荣誉。但是，此类退役运动员大都由于年龄较大，伤病困扰才选择退役，或许前期可以为高校运动员带来较好的成绩，但后期极易出现成绩停滞不前甚至衰退的现象，这就不有利于实现高校田径运动发展的根本目标，无法为广大学生群体提供一个很好的参与竞赛的机会。

3. 专业训练

现阶段高校办学的主要任务是对学生知识文化和技能的培养，这就使高校运动员面临着学习与训练难以很好协调的矛盾，因为要想快速提高运动水平，就必须付出较多的训练时间和努力。另外，许多高校为了使运动员获得优异成绩，便加大日常的训练强度和时间，从而使许多学生运动员过度疲劳，进而影响学生们正常的专业文化课的学习。而且一般高校对大学生的专业成绩有一定的要求，如果专业课成绩未达到学校要求，还会面临着退学、无法顺利毕业的风险。在这种矛盾环境下，许多高校学生运动员逃避学校的专业运动训练，这也是高校田径运动发展难以全面开展的主要原因。

（三）高校田径运动开展的对策

1. 改革高校体育发展制度

对大学生身体健康状况的调查研究发现，新时期的大学生普遍存在身体健康素质不佳，近视人群逐年增长，沉迷于网络游戏的情况，这就迫切要求高校注重大学生体育项目的教育与培养，改变大学生不良的生活习惯。高校高水平运动队的建立是我国建立多层次体育人才梯队的战略需要，也是我国竞技体育体制改革的需要。随着社会主义市场经济的不断发展，市场对高校毕业生综合素质要求日益增多，以往的竞技体育人才培养模式已不能很好地适应社会的需要，建立全民参与、强身健体的体育文化环境成为高校发展的重点方向。在这一新时期历史环境下，高校体育管理体系要进行深化改革，改变以往盲目追求成绩而忽视大学生身心全面发展的缺陷。

2. 树立以人为核心的教育理念

高校田径运动的发展，归根到底还是以"人"为主的发展。如何发挥人的主观能动性，激发人类身体素质的潜能，是所有高校教育管理者思考的重点问题。树立以人为核心的教育理念，就是在要求高校教育工作者在田径运动的发展过程中，始终从"人"的基本利益出发，充分考虑到学生运动的实际情况，设身处地的制定相应的管理制度和训练方法。从教学环境、教学内容、教学方法和手段等方面入手，逐步加大资源和资金投入力度，整合、完善教学资源，为学生营造良好的学习环境，使学生深入感受到田径运动的真正魅力和价值。要注重提高教师的综合素质和创新能力，同时要注重对高校体育教育工作者的培养和选拔工作，提高他们的待遇，从而吸引更多的教育工作者从事体育教育事业。

3. 聘请专业田径运动指导人员

高校田径运动教育事业的发展，仅仅依靠体育教育工作者是完全不够的，还需要引进具有丰富大赛经验的专业田径运动指导人员。我国高校高水平田径运动之所以发展缓慢，一部分原因是专业指导人员的缺乏。因而，为了提高高校田径运动员队伍的质量，高校应该聘请具备专业训练能力的教师负责专职训练，而教学经验丰富的教师工作者则负责传授理论知识。在考核上，教学教师应以教学质量和研究论文为主，而训练教师则以训练质量和比赛成绩为主。这样不仅能最大限度地发挥每个老师的长处，还能通过领域划分，使他们由足够的时间精力钻研适合学生的学习方法，提高自己的知识技能，从而打破传统的教育模式，真正地把"教"与"练"分离开来。当然，这也意味着高校需要在聘请费用、基础设施等方面投入更多的管理精力和资金。

第二章 田径运动技术原理与教学研究

本章主要论述了运动、跳跃、投掷的原理,以及让学生了解田径课程的目标和教学任务,以建立一个新的现代田径教学理论为方向,熟悉基本内容和田径教学的基本文件,每个阶段的任务和特点的田径技术教学,掌握课堂的教学方法和教学方法组织田径运动,并了解田径运动的评估和评价方法。

第一节 田径运动的技术原理研究

田径运动技术是人们从事田径运动的基本方法,田径运动技术的原理是田径运动的基本规则。体育技术规则的建立是一个长期而复杂的体育实践过程。田径运动技术的教学和训练是田径技术原则产生的实践基础,其原理包括人体解剖学、人体生理学、运动生物力学、运动生物化学和运动训练学等。

一、田径运动的技术原理

田径运动技术的原理也就是人体完成田径运动动作的方法原理。这种技术原理适用于任何人,没有身高、性别、体型、身体发育程度和心理素质的差别。

田径运动技术原理是在生物学的基本理论以及力学和运动实践的基础上发展形成的,所以该原理同样适用于运动生物力学的理论和方法。人们结合实际田径运动的经验,研究了田径的基本技术原理和行动模式,建立了田径运动技术教学与训练体系,并在实践中将田径运动技术原理不断完善。

体育运动技术的原理来源于多年来的实践经验,并在田径运动教学与训练中得以证实,已逐步形成结合人体科学和人体普遍规律、完善的田径运动技术动作设置以及田径运动的教学与训练模型。这对指导教学和实践训练具有重要意义。

田径运动原理的研究范围主要包括以下三个方面：对田径运动技术的生物学原理研究、对田径运动技术的动力学原理研究、对田径运动技术的时空原理研究。

（一）对田径运动技术的生物学原理研究

田径技术的生物学原理是指人体在从事田径运动时身体产生运动的原理。研究田径技术的生物学原理是以运动过程中人体的神经系统对运动的控制、肌肉收缩的规律、肌肉结构及收缩形势对运动的影响与作用、运动动作的用力顺序及规律、运动过程中动量在人体内的传递与转移规律等为主要内容的原理性研究。

（二）对田径运动技术的动力学原理研究

田径运动技术的动力学原理是指构成田径技术的力学原因。它意在研究人体内力与外力的相互作用的形式、规律以及效果等为研究内容的原理性研究。它根据在田径技术动作形成过程中力的相互作用的规律和特点，研究了田径运动技术的力学条件和动作技术与力的作用之间的关系。

（三）对田径运动技术的时空原理研究

这类研究包括对动作技术运动的形式、动作技术运动的位置及形态、动作技术的结构体系、动作技术空间与时间的关系的研究。其中，动作技术运动的形式有直线运动、曲线运动、转动、复合运动等。动作技术运动的位置及形态是指重心运动轨迹、动作技术姿势、各环节相对位置及动作的空间特点。动作技术的结构体系是指周期性动作系、非周期性动作系等。动作技术空间与时间的关系是指动作速度、加速度、动作的幅度等。

（四）研究田径运动技术原理的作用

田径运动的技术原理来源于田径运动技术的教学和长期的训练实践。在田径运动技术教学中，了解、掌握并应用田径运动技术的原理对提高教学效率和教学质量具有重要的意义和作用。

田径运动技术原理是田径运动技术教学的理论基础。田径运动是由人的身体进行的，遵循了田径运动技术的原则。在学习田径运动技术的过程中，动机、意识的控制与行动的效果是密切相关的。为了掌握和应用田径运动技术，逐渐形成良好的田径运动技能，学生必须首先明白和掌握运动技术的原理，以提高自身应用田径运动技术的水平。

在田径运动技术教学中，教师首先要根据田径运动技能形成的基本规律、教学任务、教学内容和教学要求，树立正确的田径运动技术观念。在教学过程中，教师应将动作技术的基本原理作为运动技术理论的中心，先对田径动作技术的基本原理、动作技术的一般规则以及各种动作技术之间的内部关系进行解释，使学生能理解田径动作技术的原理。田径运动的技术原理是田径运动技术教学的理论基础。它能够更好地帮助学生掌握正确的田径运动技术理论体系。

田径运动技术原理是评价田径运动教学过程和运动技术合理性的基本标准。在教学过程中，教师和学生会根据田径运动技术原理来评价田径运动技术动作是否符合田径运动的基本规则，并纠正错误动作。

在教学过程中，教师应根据田径运动运动技术的原理、田径运动技术的构成和评定标准，对学生对于田径运动技术的掌握程度进行评估。

1. 推广田径运动技术原理

在田径运动技术教学的初始阶段，要使学生树立正确的田径运动技术观念。在建立田径动作技术概念的过程中，关键是要让学生理解和掌握田径动作技术的原理，树立正确的思维方式和田径动作技术的概念。

例如，在投掷技术项目教学过程中，学生可以将基本田径运动技术和田径运动技术原理应用在投掷技术动作中。通过良好的肌肉收缩形式和正确的力量顺序来提高投掷动作的效果。

2. 优化田径运动技术

在田径运动技术教学的过程中，随着教学的推进，学生在学习田径技术动作的过程中必然会出现一些技术失误。此时，教师必须以正确的技术诊断为基础，只有技术诊断正确，学生的错误行为才会被重视起来，从而发现错误原因，指出错误并采取措施加以改进。

田径运动技术的原理是技术诊断的理论基础。对于任何运动技术，如果运动技术不符合人体运动的力学、生物学和运动学原理，那么田径运动技术必然存在一定的缺陷，必须采取相应的措施来提高田径运动技术的质量和水平。

田径技术的原则是评价田径技术的理论基础。根据体育技术的原则而制定的评价标准才是评价田径技术的最合理依据。

合理的田径运动技术必须符合人体解剖学和生理学的原理，也必须符合人体运动的力学原理。合理的田径技术可以充分发挥人体的运动素质，使人取得优异的运动成绩。

田径技术的合理性体现在动作技术的有效性和动作技术经济的两个基本方面。

动作技术的有效性主要取决于动作结构特征和受力模式是否能达到动作技术的要求，以及动作技术结构的过程和因果关系是否能提高动作效果。动作技术的有效性是动作技术成果的外在表现和动作技术的结果。

运动技术的经济性主要体现在人体的动作性质上，即以最少的体力消耗达到最佳的效果。它是人体运动结构、运动过程和动作效果与人体运动的生物学和动力学的有机统一。运动技术的经济性，主要通过动作技术过程、动作结构、动作过程获得最佳动作技术的实效基础，对运动技术是否符合身体运动的生物原理、身体运动动力学原理进行评价。

二、跑的技术原理研究

跑步是一种由人体两脚交替支持、腾空并快速移动全身的过程，是体育运动中身体位移的基本运动形式，也是各种运动技术的基础。

在田径运动中，跑步存在距离和强度各不相同的项目。400 m 以下的跑步通常被称为短跑；800 m 到 1500 m 的跑步被称为中跑，3 000 m 和 3 000 m 以上的跑步被称为长跑。

（一）跑的技术动作结构

跑步运动的技术结构是一个典型的周期运动系统，它是由一定数量的单一动作按动作系的目的组合而成的，并形成不断重复的周期性运动过程。在跑步过程中，人体可以通过重复动作来达到快速运动的目的，增加动作的范围，加快动作的频率。

周期性动作系统的结构特点是在某种形式下重复的单动作，没有明显的开始或结束。跑的一个周期包括人体跑步时左、右脚分别跑完一步，称为"复步"，即由两个单步技术动作所构成（图2-1-1）。

图 2-1-1　跑步运动的技术结构

在跑步的左、右"单步"技术中，肢体局部的运动是一种完全对称的交变动作结构系统，因此在分析和讨论跑步技术的基本理论时，通常会对跑步技术的时空特性和动力学特性进行研究和解释。

在跑步过程中，人类身体的一个单步技术，包括两个技术阶段：支撑和飞腾空。根据重力中心与运行支撑点之间的位置关系，将支撑周期分为前期支撑期、垂直支撑期和后支撑期。根据支撑腿的运动规律和动力特性，将预前支撑时期分为着地瞬间时期、缓冲时期和后蹬时期。根据腾空阶段人体重心运动的规律和特点，将其分为上升和下降两个阶段。

在跑步动作中支撑腿运动的同时，身体的其余部分在相应的摆动中，以支撑腿的运动，形成一个协调的摆动运动技术动作。

跑步运动的支撑环节是运动技术的主要阶段，是加速人体运动的技术阶段。缓冲时期，我们应该减少阻力和养成良好的运动形式，尽快把后蹬阶段提前，并尽可能地增加力量，使身体的重心最快达到与后踩的地面并与之一个合理的角度和距离。

在腾空阶段，人体的重心运动遵循物体的运动规律。在运动的竖直方向上，遵循自然界运动物体竖直上抛和竖直下落的运动规律，人体腾空后重心上升时期在重力加速度的作用下均匀加速。在运动的水平方向上，物体的重心处于匀速直线运动状态。

（二）影响跑步的力

人的奔跑是一种由人体与外界物体相互作用而引起的快速位移。影响人类奔跑速度的因素主要来自人体内力与外力的相互作用。跑步技术的优点和缺点主要取决于力量的作用、作用的方向、动作点以及力的传递等。

影响人体运动的力分为两种：内力和外力。

身体的内力是身体各环节之间的相互作用。它由肌肉收缩张力和骨骼与关节的运动组成。也就是说，人类运动的内力是由肌肉收缩产生的。内力是人自身运动的力量，是人类运动的内在原因，也是人类运动的主观因素。

跑步中的外力是指自然物体与身体之间的相互作用。外力是改变身体运动状态的原因。人体运动中的外力有重力、摩擦力和弹力，以及支持力和空气阻力等。只有内力与外力相互作用才能使整个身体发生运动状态的变化。

在内力和外力作用的过程中，力在不同动作期间的作用会产生相应的效果，但也会产生力或抗力的影响。如果力的作用方向与所期望运动的方向一致，那么可称之为运动的动力，反之，则称之为运动的阻力。跑步的动力有支持力的反作用力。影响运行状态的阻力主要是空气阻力、摩擦阻力、阻力性支撑反作用力、重力等。

支撑反作用力是影响运行的主要力学因素。它是重力、摩擦力和弹力在运动中的综合作用。支撑反作用力的大小和方向随人体在运动而变化。支撑反作用力的大小和方向取决于支撑点压力的大小和方向。人体跑步的驱动力主要来自支撑阶段的后蹬阶段。人体是通过后蹬时期支撑腿的后蹬动作和机体其他相应环节的摆动动作来获得动力性支撑反作用力的。它是决定人体跑步速度、步长的主要动力。

跑的阻力主要来自空气阻力、摩擦力和在运行时的阻力性支撑反作用力。身体和空气的相对速度、身体和空气的迎风面积,以及身体运动的姿势决定了空气阻力的大小。在跑步过程中减少空气阻力的主要技术是保持适当的运动结构和适当的身体姿势。

在田径运动的技术教学过程中,应力求通过对运动技术的研究和应用,在尽可能的情况下获得最大的动力,最大限度地减少阻力,以提高动作技术的效率和质量。

(三) 决定跑速的因素

在跑步过程中,影响跑步速度的主要因素包括运动学因素和生物因素。

1. 影响跑速的运动学因素

影响人体运动速度的运动学因素主要是步长和频率。在人的运动过程中,步长和频率的变化决定了运动的速度,等于步长和频率的乘积。

即:速度=长度×频率。

步长的长度包括后蹬距离、腾空距离和落地距离;频率取决于每单位时间内重复步骤的次数。

步长就是每一步的长度,两脚之间的水平距离的方向运动,称为步的长度,通常称为一步的长度,由后蹬距离、腾空距离和着地距离组成(图2-1-2)。

即:步长($L_{总}$) = 后蹬距离+腾空距离+着地距离 = L_1 + L_2 + L_3。

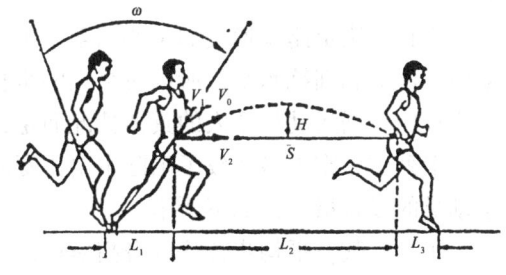

图2-1-2 步长结构

决定步长的因素如图 2-1-3 所示。

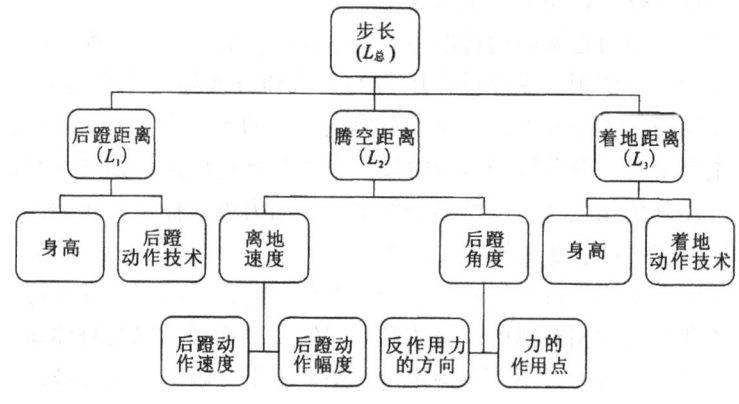

图 2-1-3　决定步长的因素

L_1 代表后蹬距离：指后蹬瞬间，人体重心与支撑点之间的垂直线之间的距离。距离的长度取决于身体重心的高度和后蹬动作的完成情况。

L_2 代表腾空距离：指在人类运动腾空过程中，身体重心经过的水平距离。距离的长度取决于初始速度和升力的角度。

L_3 代表着地距离：指身体重心与身体接触点之间的水平距离。身体在跑步时摆动双腿，距离的长度取决于在跑步过程中摆动腿的着陆动作技术。

步长是运动过程中身体空间位移的运动学特征。合理的运动技术应以短着陆距离、大缓冲范围、大而有效范围、快速有力的后蹬动作为特征。短的着陆距离可以增加地面的角度，减少前方支撑动作的阻力，使重心在支撑点上尽可能快地移动。一个大的缓冲运动有利于形成幅度较大的后踏板运动，从而减少支撑后蹬的角度，进而提高后蹬动作的效率，使身体重心移动更快。

步长是决定跑步速度的主要因素。不同的人有不同的身体形态、身体素质、体能和训练水平，所以每个人的步长是不可能一样的。适合运动员的步长应根据运动员个人的具体情况而定，并在练习中不断调整和完善。

卡列尔·霍夫曼比较了国际主要比赛的测量数据，得出了世界级短跑运动员的步长指数，如下所示。

步长指数：平均步长除以身高≥1.15。

最大步长除以身高≥1.24。

平均步长除以腿长≥2.16。

最大步长除以腿长≥2.24。

决定步频的因素包括大脑神经中枢的肌肉运动的调节、运动技能训练的平衡、肌肉力量的发展和肌肉收缩的一致性，以及运动训练的水平（图2-1-4）。

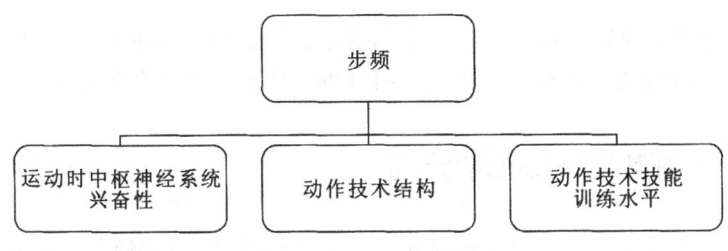

图2-1-4 决定步频的因素

对肌肉运动的调控，即运动的技术管理的阶段特征，指中枢神经系统兴奋性的程度，以及肌肉收缩和其他功能的协调机制等。

动作技能训练对步频的影响主要体现在动作技术的实践和科学方面。实践性高的操作技术，效率高、用途广、效果好；科学的行动技术，在确保行动的实用性的基础上，可以使行动节约能源，并且使行动的能量损失处于低能耗水平的状态。

在卡列尔·霍夫曼的研究报告中表明，男性优秀运动员的步频指数如下。

步频指数：身高乘以步频≥8.1。

腿长乘以步频≥4.34。

步长与频率呈非线性关系，步长与频率的关系在加速范围内成正比，但在极限范围内成反比。随着运动速度的增加，步长的长度与运动的频率成正比，即同时增长与加快。当运行的速度接近或达到极限速度，步长与步频则呈现反比关系。也就是说，当步长增加时，或者步频增加时，步长减少，这种现象尤其明显体现在人体跑速达到其极限速度时。

2. 影响跑速的生物学因素

影响跑步速度的主要生物因素是身体的形状和结构、肌肉力量、身体运动的能量供给和身体对运动技术的能力等。

人体的形状和结构是影响运动速度的主要生物因素之一。腿的高度和长度是决定步幅长度的主要因素。一个优秀的跑步者具有适合跑步的身体形状特征。

肌肉力量在跑步的速度中起着重要的作用。在相同的条件下，肌肉强度是决定跑步速度的关键因素。

人体运动的力学条件与牛顿力学的基本规律一致。在人的运动过程中，无论是整个位移的运动速度还是局部肢体的运动速度，都必须达到最大加速度。

还有几个决定了肌肉力量大小的因素，如运动中的肌肉群、肌肉结构的类型、肌肉结构中红肌纤维与白肌纤维的比率、肌肉收缩的形式等。

三、跳的技术原理研究

跳跃的技术原理是对人体跳跃运动规律的总结，是跳跃练习与现代运动生物力学理论的融合，用来指导跳跃技术教学与训练的基本理论。

跳跃是身体通过一定的运动形式，通过跑步和跳跃的基本动作组合，跳过一定的高度障碍或跳过一定水平距离的运动称为跳高和跳远。田径的高度跳跃类运动有跳高与撑杆跳高竞赛项目，田径的远度跳跃类运动有跳远和三级跳远。跳跃运动是一种根据运动技术的受力特点而进行的快速运动项目。

跳跃运动是根据运动技术的结构特点，由周期性动作和非周期性动作相结合形成的混合动作结构体系。

（一）跳的技术结构

根据跳跃运动系统的结构和技术特点，一般将其分为四个相互关联的阶段：助跑、起跳、腾空、落地。四个基本技术阶段主要应用于整个技术的描述和分析，实际上它们是组成整个动作系统的不可分割的、完整的、有机的组合。动作技术的每个阶段对整体动作技术的影响都有非常重要的影响。

在跳跃动作技术中，第一步是第二步的基础。例如，助跑是起跳的基础。助跑的结果是在起跳之前创造两个基本条件，即在起跳前获得一定水平速度，并形成良好的初始跳跃，从而为跳跃创造最佳的力量。前面动作的目的是为后续行动建立最好的基础力学条件和生物学条件。

在一定程度上，在跳跃运动阶段的划分中考虑了周期和非周期运动系统的结构特征。混合运动系统的结构中有一项重要的基本原则，即周期性动作和非周期动作的组合混合操作系统是混合性动作系统中一个非常重要的环节。所以，在跳跃运动教学与训练中，助跑与起跳的衔接是动作技术教学的关键环节。

（二）跳的力学原理

人体的跳跃运动本质上是自然物体的斜抛运动。在跳跃运动中，整个身体在空间运动状态中发生变化。初始速度、跳跃高度和跳跃距离的关系遵循物体倾斜运动的原理。

根据力学的斜抛运动原理，抛射高度等于抛射初速度的平方和抛射角正弦平方之积与两倍重力加速度之比；抛射远度等于抛射初速度平方和两倍抛射角正弦值之积与重力加速度之比，即：

$$H = v_0^2 \sin^2\alpha / 2g; \quad s = v_0^2 \sin 2\alpha / g$$

H 是抛射的高度，S 是弹射距离，v_0 是初始抛射速度，α 为抛射角度；g 是重力加速度。

人体的跳跃运动总是根据物体倾斜的规律在跳跃运动过程中进行。根据倾斜物体运动规律，人体的重心在运动的垂直方向和运动的水平方向上进行匀速运动。物体重心移动的高度与初始速度的垂直分量和重力加速度有关。当确定人体腾空时间时，根据腾空时间和初始速度的乘积，引力中心的距离也可以等于跳跃的水平距离（距离 s）。

影响跳跃高度和距离的运动学因素是重心、初始速度、角度和空中动作等方面。

构成跳高的三个主要因素是身体重心的高度、腾起的高度和身体重心与杆之间的垂直距离。

人体在跳跃时所能达到的高度取决于身体重心的高度。

跳高的成绩：$H_总 = H_1 + H_2 - H_3$（图 2-1-5）。

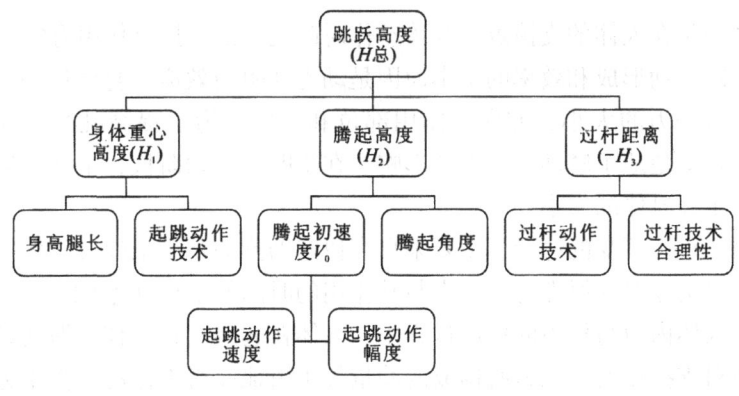

图 2-1-5　跳跃高度的组成

1. H_1——身体重心高度

H_1 是指身体重心和地面支撑之间的垂直距离，取决于身体的高度、腿的长度和身体在瞬间运动中的身体位置。不同的运动员在身高上有一定的差异，主要取决于先天遗传因素和后天的发展，但通过训练的提高是有限的。

2. H_2——腾起高度

H_2 是从重心到身体最高点的垂直距离，取决于运动员蹬离地面瞬间的腾起初速度和腾起角度。这一高度是体育运动中最活跃、最重要的因素，在不同的人群中表现出很大的差异。

跳跃的强度和速度是决定升力初始速度的动力因素。腾起角度取决于在跳跃过程中身体重心的合力方向。腾起高度是由跳跃和开始所获得的水平和垂直速度之间的合速度方向决定的。

3. H_3——过杆时身体重心与横杆的垂直距离

H_3 就是过杆时身体重心与横杆之间的垂直距离是重心与杆的最高点之间的垂直距离，在过杆的研究中，我们试图通过合理的动作形式来减小 H_3 的尺寸。由此得出结论：运动员过杆的面积越小，则 H_3 越小。当重心在杆上时，头和脚在杆的下面，这可以将 H_3 减小到较小的程度。

（三）影响跳跃效果的动力学因素

动力是在人体的支撑点与身体动作时间之间的支撑反作用力的产物。

跳跃运动形成和效率的基本原因是动力和阻力效应。身体运动状态变化的原因是力的大小、方向、作用部位和时间。为了提高跳跃运动的效果，必须清楚地了解动态动力的影响。在跳跃的开始阶段，最初速度的决定是体重和身体的大小。

人体重心所受的冲量，主要来自在快速助跑的基础上通过人体快速有力的起跳动作对支撑点的合压力与其作用的时间的乘积（$\sum F\Delta t$）。

在人体内力与外力的作用过程中，人体在起跳的蹬、伸、摆动动作过程中由对支撑点的合压力所构成的冲量等于由地面对人体的反作用力所构成的反冲量。地面对人体的反冲量是改变人体运动状态的动力性因素，作用在人体重心的反冲量（$F\Delta t$）大小等于该段时间内人体动量（mv）的变量。

人体运动的动量定理：$F\Delta t = mv_1 - mv_0 = m(v_1 - v_0)$。

跳跃运动中时特别是在跳转运动中，应该努力增加运动的强度和范围。在完成特定的跳跃运动时，应通过改进的协调运动，加大肌肉收缩的力量来获得加快动作速度的效果，通过操作范围的扩展来延长支撑反作用力的作用时间。

在跳跃运动中，腾起角度的大小与动力性冲量的方向一致。由于动力性冲量是一段时间内多个力对身体重心的综合作用，所以应该根据不同的项目技术的特点，形成水平和垂直动力性冲量的最佳组合。例如，当身体重心接收到垂直的动力性冲量，而动力性冲量是1∶1时，物体的重心瞬间提升，角度必然为45°。当垂直动力性冲量大于水平动力性冲量时，升力角度必须大于45°，反之亦然。

跳跃运动员重心移动的方向取决于其腾空瞬间垂直速度与水平速度的比值。优秀跳高运动员离地瞬间垂直速度与水平速度之比为1.2~1.3。

良好的摆动技术可以使脚在着地时更快地移动，从而降低着陆阻力。在跑和起跳的后蹬动作时期可加大对地面的压力，从而获得更大的支撑反作用力。这样有利于加大推动人体运动的动力性冲量。

在跳跃过程中，可通过身体的摆动运动来改变形态，从而获得改变重心的动作效果。

在跳跃、腾空和落地过程中，运动可以通过相应的运动来保持人体运动的平衡，通过补偿机制可以重新建立运动平衡。

在跳跃运动中，"踩"和"摆"的运动是一种密切相关的有机组合，需要身体各环节协调运动。运动技术强调身体支撑腿的运动和身体其他相应环节的摆动。这是提高效率和取得最佳效果的重要技术环节。

（四）影响跳跃距离的运动学因素

构成跳远结果的运动学因素有三方面，即从跳板的前部向身体重心垂直方向的水平距离，称为离地瞬间距离 S_1；腾空后至落地瞬间身体重心沿水平方向运动的水平距离，简称为腾空距离 S_2；落地瞬间身体重心垂线至落地点的水平距离，简称为落地距离 S_3。在这三个因素中，S_2 是动作技术最重要的因素（图2-1-6）。

跳远的成绩：$S = S_1 + S_2 + S_3$。

从重心线到起始板前的水平距离取决于踏板的准确性、重心的高度和身体的运动。踏板的准确性是取决于跑步的速度和完成的跳跃。运动员身体重心的高度主要取决于遗传因素和后天的发展。

腾空距离是决定跳远成绩的最重要的运动学因素。为了获得最大距

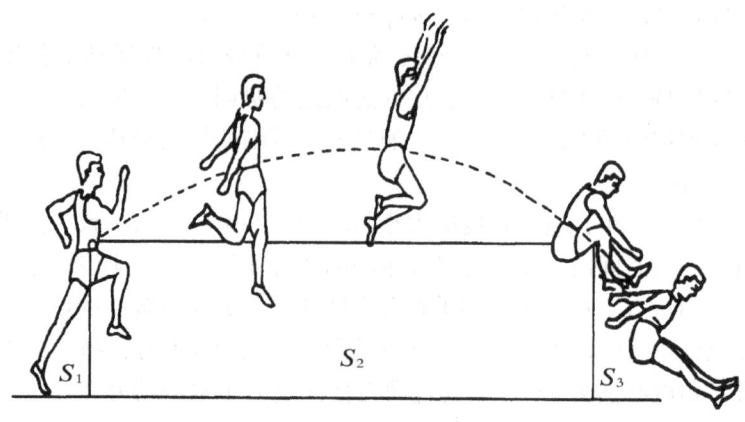

图 2-1-6 跳跃运动

离,我们必须采用合理的运动技术形式。通过快速、准确、有力的跳跃技术,身体可以获得最大的初始速度和适当的提升角度。

四、投的技术原理研究

投掷运动是人体运动的一种基本形式,在加速阶段,身体和器械通过跑步、滑动或旋转来获得一定的速度。结合最终的技术动作,所有的力都集中在投掷装置上,以此来获得最大的初始速度和最佳的出手角度,使投掷装置被抛到最远的水平距离。

投掷运动包括四种基本类型的运动:铅球、铁饼、标枪和链球。根据投掷运动的结构特点,铅球和铁饼是非周期性动作系统,而标枪和链球则是混合性动作系统。

(一)投的技术动作结构

在对投掷运动原理的讨论中,根据运动系统的结构以及技术特点,一般将投掷运动分为四个密切相关的技术阶段:起始姿势、预加速、最终力和器械缓冲。在这四个阶段中,技术对整个运动动作的效率和运动的结果都有不容忽视的影响。

在投掷过程中握住器械的方法应该有利于加速,有利于器械上所有力量的共同作用。最后,力的动作技术必须以良好的推进加速度技术为基础,提高效率。整个动作技术具有很强的因果性。

投掷铅球、铁饼是一种非周期性动作系统,而铅球的预摆、团身、滑步和最终的发力基本上属于二维直线运动。铁饼的前摆、旋转、最终力和缓冲是三维方向上的复合运动。

投掷标枪和链球是混合动作系统。投掷标枪和链球在预加速阶段的旋转动作是典型的周期性动作。

投掷运动的关键技术环节是预加速阶段与最终力阶段之间的连接。

（二）投的力学原理

因为在投掷运动的每个项目中使用器械不同，所以动作的形式不同，动作技术的空间状态也不同。虽然每种投掷的运动形式都有不同的特点，但所有的投掷运动都遵循一般的运动生物力学原理和投掷运动的一般规律。

根据人类投掷运动的一般规律，影响投掷距离的因素（如图 2-1-7 所示）。

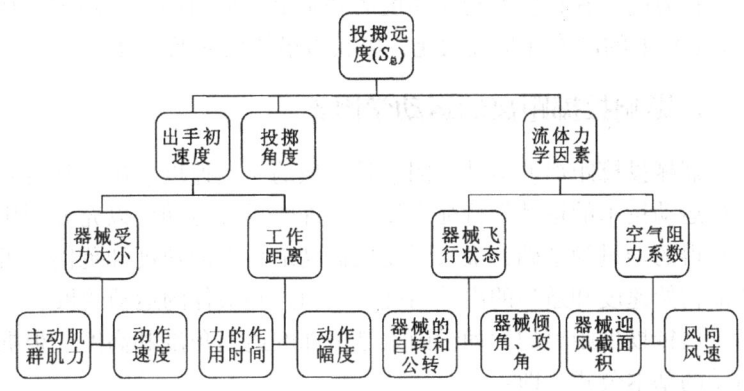

图 2-1-8 影响投掷距离的因素

因为高质量高密度的圆球的空气阻力小，所以在铅球、链球的机械原理分析中可以忽略空气阻力及其影响。投掷铅球、链球的运动规律与力学领域的斜抛运动基本规律相一致。它在水平方向上的运动可以通过抛射点与落地点在同一水平线上运动的力学原理进行分析，即：

$$S = v_0^2 \sin 2\alpha / g = T v_0 \cdot \cos\alpha ; H = v_0^2 \sin\alpha / (2g)$$

S 是下降的距离；v_0 是器械的初始速度；H 是器械在空中能达到的最大高度；T 为器械的飞行时间。

在忽略空气阻力的条件下，初始速度是决定器械距离的主要因素。初始速度与投掷器械的距离成比例。如果投影点和着陆点在同一条水平线上，则投影角度最多为 45°，这样的弹射角度可使物体被弹射到最大距离。因为从投掷点到器械点不是同一条水平线，在中点线与落点和水平线之间有一定的坡度，所以投掷角度不是45°。

投掷铅球、链球几乎可以忽略空气阻力、升力；投掷距离与出手高度、地斜角等因素密切相关。一般情况下，投掷铅球适宜的出手角度为38°~42°，投掷链球适宜的出手角度为42°~44°。

标枪和铁饼的投掷距离受到空气阻力和升力的影响很大，所以投掷的适宜角度为30°~35°。

影响投掷器械距离的最重要因素是器械的初始速度，决定器械初始速度的主要因素是力的大小和器械动作的时间，即器械所受的冲量大小。

为了在投掷过程中提高器械的初始速度，必须通过预加速和最终力来增加器械出手初速度，必须通过预加速、最后用力技术阶段尽可能增大人体对器械的作用力和延长力的作用时间。

动作技术强调增加动作力以获得最快的速度，并且通过增加动作范围来延长动作时间。在最快的动作速度的基础上增加力的工作距离，从而使器械（$F\Delta t$）上的动作冲量最大化，以获得最快的初始速度。

（三）影响投掷距离的运动学因素

决定器械投掷距离的运动学因素是器械的初始速度、出手角度和出手高度。从运动技术的运动学特征出发，合理的投掷运动应以充分利用从推进阶段获得的动量为基础，最大限度地提高最终力的速度和范围。可以获得最快的初始速度和适当的出手角度，从而达到最佳的运动效果。

影响器械投掷距离的运动学因素是击球的适当角度和高度。根据物体倾斜运动的基本公式，即：

$$S = v_0^2 \sin 2\alpha / g$$

影响器械距离的基本因素是物体的初始速度。物体的初始速度是最重要的因素，初始速度的平方与距离成正比。在地球同一纬度重力加速度 g 的值是常数。通过增加投掷技术动作的范围和速度，身体可以增加身体对器械的影响，使器械的初始速度是最快的。

物体运动的距离和高度也会受到投掷角度大小的影响。当物体的弹射点与着陆点处于同一水平时，采用45°，一个物体的弹射角度可以达到最大的弹射距离。然而，由于着陆角度的影响，即攻击点与着陆点与水平线的角度之间的关系角越高，出手的角度相对较小，两者之间存在一定的反比关系。

根据不同投掷装置的规则和特点，最佳角度通常被称为在训练和教学运动技巧训练中的最佳投掷角度。

器械出手的合理角度与器械的初始速度和高度密切相关。一般来说，对投掷项目本身而言，当铅球的高度保持不变时，随着初始速度的增加，器械的出手角度增加。通常，铅球投的投掷角度是 38°~42°，投掷角是 40°~44°。

除了上述因素外，铁饼和标枪的角度也有空气动力学的影响。为了获得最佳的升力和阻力比和更好的飞行稳定性，铁饼和标枪的角度为 30°~35°。

适当的出手角度对空间中器械的运动有直接的影响，出手角度对器械运动轨迹的影响取决于以下因素。

器械出手角度和方向，取决于力的方向和人体在运动的最后阶段对器械的作用点。

在最后的力阶段，器械应在正确的空间位置上控制，在出手轨迹的方向上加速，水平和垂直速度的矢量方向应与出手方向保持一致。

投掷的最佳角度不是 45°，因为投掷器械的交付点高于着陆点，有"地面坡度"关系，也有一些投掷器械的飞行状态（例如：标枪，铁饼）受空气动力因素影响较大，但是根据他们运动的最佳状态，每个人都有自己适当的攻角。

器械的出手高度是影响投掷距离的重要因素之一，它主要取决于四肢的高度、长度比和技术动作的结构。

根据研究数据，当出手初速度为 16m/s 时，铅球的出手高度增加 0.2m，其成绩可提高 0.4m，因而在出手瞬间运动员动作应充分伸展，可以提高运动员的得分。

（四）影响投掷距离的动力学因素

影响器械投掷距离的运动学因素是器械的初始速度，决定器械投掷初始速度的因素取决于器械的受力的大小和时间。根据动量定理：$F\Delta t = mv_1 - mv_0$，器械冲量的大小和器械初始速度的大小是成比例的。在投掷器械的过程中，冲动的大小取决于投掷器械的身体、合理的动作技巧、动作肌肉群收缩张力的大小、肌肉力量的协调和人体的顺序性。

在具体动作过程中，为了在最后用力过程中使作用于器械的冲量达到最大，有必要充分利用身体和器械之间的动量，并增加运动的范围尽可能通过使用适当的形式的行动，正确的顺序的努力和协调的肌肉收缩。为了延长器械的作用时间，器械的最大冲量将被用来获得最快的初始速度。

在人体与器械的相互作用过程中，器械冲量的大小也与力的作用、力的方向和作用点有关。总的来说，合力的作用点应该穿过投掷装置的重心。例如，铅球、链球的动作点应该通过器械的重心。标枪的作用点必须通过器械的重心。铁饼以来铁饼投掷的情况下，需要保持一个速度沿上下轴旋转为了维持稳定的铁饼的在空中飞行，合力的作用线应通过上下轴使用位置稍微侧获得一定量的偏转扭矩，所以铁饼飞行在太空中构成一个复合运动，即物体的运动是旋转的，由复合运动组成。最后的力量是投掷技术的关键。与运行阶段所获得的速度相比，该器械在最后的力阶段所获得的加速度。

最后的用力动作开始于前加速阶段（跑步、滑行或旋转），在人的身体得到双重支持之前。合理的最终力量应考虑以下主要因素。

在最后用力前，应充分利用预加速阶段所获得的水平速度，并形成良好的"超越器械"技术。推进速度与最终力与技术之间的有机联系是提高最终力的基础，在最终的力效应中起着重要的作用。最后用力动作的特点是：在最后的用力动作，加快下肢运动，使人体臀部和肩膀轴张力，保持适当的身体向后，完整的延伸臂拿着乐器，最后迫使运动尽可能创造一个长工作距离和最好的肌肉收缩力生物力学条件，形成一个良好的"超出了器械"运动技术。

在用力结束时，身体各环节的有效肌肉力量在支撑的条件下。投掷力要求肌肉被远程固定，首先，下肢支撑为髋部和躯干提供有力的支点。第二，左肩、臀部、膝盖、踝关节支撑轴，增加肌肉群以转移效果。稳定的下肢支撑、加速和制动是投掷最后一次强制动作的重要特征，也是动量传递的基本保证。

最后，右腿从臀部、膝盖和脚踝延伸到臀部、身体和胸部。最后一个力的前加速度是一个连续的动作过程，最后一个力和最后一个部分的有机连接的初始加速度。左支腿（右撇子）是主动和快速的，以确保在帮助跑时获得的动量的有效传递，并尽快形成一个双支撑用力。

延长肌肉收缩前的弹性势能储备，形成良好的预紧力，增加肌肉收缩力。

在肌肉收缩前的伸长程度和状态。结果表明，肌肉收缩前的初始长度是影响肌肉强度的因素之一。温和的伸长过程中肌肉收缩之前，大量的弹性势能存储和释放在肌肉收缩，从而增加肌肉收缩的总张力；因此，在最后一击，尽可能参与收缩的肌肉群力量应该适度拉长，肌肉的拉伸应充分增加，和这些肌肉的运动速度段应尽可能地增加。如果最开始的力瞬间开始，则肩膀和髋部需要收紧，左侧固定在肩膀、臀部、膝盖和踝关节轴上。肌肉的充分伸展可以储存更多的肌肉弹性势能，为最后的冲刺创造良好的生物力学条件。

尽可能增大最后用力动作的幅度以延长力对器械的作用时间。从力学角度来看,器械的初始速度与器械的力和时间成正比。也就是说,投掷的初始速度与脉冲的大小成正比。最后,通过增加作用范围,尽可能扩大力的工作距离,力的作用距离成为影响器械速度的主要因素。提高力的作用距离是合理技术的重要组成部分。这是最终力量的关键,通过形成一个良好的技术动作来增加投掷的力量。

充分应用力的递增梯度变化及动量传递的作用规律,尽可能增大对器械的作用力（F）,并使作用于器械的冲量（$F\Delta t$）最大,形成最快的动作速度。

力的梯度是力与作用时间的比值。一般认为,功率梯度可以作为衡量爆炸力水平的指标,而投掷项目在力的最后阶段需要最大的力。作用在器械上的力是在最后的运动阶段,身体各部分肌肉收缩力的传递和叠加的总力。力的梯度越大,器械所产生的加速度越大,所以最后的消耗需要肌肉迅速收缩以尽快达到最大强度。

动量转移是最后一个强制动作技术中一个非常重要的环节。当最后用力的时候,身体的所有连接都符合人类运动链的原则。身体的所有部位从近端到身体的远端都在加速和制动,而相邻部分的肌肉会迅速伸长和收缩。当身体肌肉的附着点分布在关节的两侧时,当一个连杆加速运动时,下一个连杆是被动的,关节的肌肉被拉长。连接加速,延长的肌肉预张力增加和转移动力,使末端的部分达到极快的运动。

最后,下肢、躯干和上肢的加速和制动,使每节段在增加强度的过程中形成良好的动量转移状态。在力的末端,身体运行所获得的动量通过下肢的支撑制动传递到躯干,而躯干的力量和产生加速度。躯干运动减速后,动量传递到上肢,导致上肢运动后的加速运动。身体的各个部位依次向上、加速和制动,形成最快的速度。

最后,强制运动的顺序遵循"关节顺序运动"的原则,这意味着大关节肌肉开始移动到中、小关节。从下肢到躯干和上肢的力量形成了整个运动顺序。

在投掷的最后动作中,任何技术动作的目的都是尽可能多地使器械获得最快的初始投掷速度和适当的投掷角度。因此,投掷器械的运动必须遵循保持运动的速度和范围尽可能高的基本原则。

（五）影响投掷中的流体力学因素

在投掷事件中,如果在空间飞行中速度不发生变化,一些器械在任何时候都会受到相同的阻力,所以当研究气动因素对器械飞行状态的影响时,它是可以忽略不计的。然而,标枪和铁饼的气动因素对器械的飞行状态有很大的影响。

当标枪和铁饼在空中飞行时，空气会产生阻力和升力。器械在空气中飞行的阻力取决于器械与空气的相对运动速度，以及器械的形状和飞行状态。在器械与空气之间运动的相对速度越大，空气阻力越大，因为轨道和现场技术寻求最快的速度，因此在这个因素中没有考虑到要减少阻力的问题。

空间飞行装置的形状与空气阻力的形成密切相关，由于投掷装置的形状和质量的分布是由规则控制的，是一个常数因子，它不是研究投掷技术的重点。器械在空间上的飞行状态，如器械的倾角、冲击角、旋转和旋转、器械的迎风切割区等因素与空气阻力的形成、升力、仪表飞行的稳定性等才有重要关系。

根据盖林斯风洞实验数据，标枪风洞的倾斜度从0°增加到90°，阻力从最小值增加到最大值。升力的变化规律从0°增加到45°升降机从0°，升到最大，从45°升到最大，增加到90°。在这个过程中从最大值到零。升力与阻力之比最大值为标枪或铁饼倾角为25°~29°范围内。在投掷标枪或铁饼时，应尽可能达到最大提升阻力比（即：在空间飞行中，由器械引起的升力与阻力的比值：升力与阻力的比值）同时保持较快的旋转，以提高空间器械的稳定性。

根据空气动力学的分析，下列因素影响器械的距离。

气压中心位置和器械的重心位置决定了该器械在飞行中的角速度和速度大小。

空气压力中心与器械重心之间的位置关系决定了投掷器械的旋转速度；空气压力中心与器械重心之间的距离取决于空气压力中心与器械之间的距离。

1987年，国际田联改变了标枪的标准，特别是将标枪的重心向前移动了4厘米。从本质上说，它延长了标枪飞行过程中压力中心与器械重心之间的距离。在正常情况下，空气压力中心与铁饼中心之间的距离为零，所以空气压力的反向转矩为零。

提高投掷器械的滑翔性能，以获得空间器械的最大升力比，这是一个重要的原则。为了获得最大提升率，标枪和铁饼在空间中的最佳位置是形成一个合理的倾角。

在某些情况下，空气的总力比没有风的时候增加的多，空气的升力增加，这有利于增加升力，增加飞行距离。但在一定的下风条件下，虽然可以提高器械的某些飞行速度，但也有很大的升力，会降低器械的飞行距离。不同的速度会影响不同角度的合理组合。由于设备在空中飞行的复杂情况，应根据实际情况确定最佳组合。

要利用器械旋转的方向效应，保持空间飞行的稳定性。当铁饼飞行时，压力中心通常位于其重心上方。由于旋转力矩，它具有陀螺效应。铁饼飞行的稳定性与旋转速度有关。一般来说，速度越大，稳定性越强，标枪垂直轴的旋转速度就会得到改善。

投掷条件的最佳组合可以提高空间中标枪与铁饼之间的距离。根据物体斜抛物运动方程可知，出手初速度是影响投掷距离的最重要因素。

计算表明，出手初速度每增加 2.5m/s，抛射距离 s 可增加 10m 左右。在出手初速度 v_0 恒定的情况下，影响投掷距离的还有投掷角和器械在空间的飞行状态（如出手角度、器械倾角、冲击角、公转与自转等）。出手角是指器械出手瞬间通过重心的速度矢量与水平线所构成的夹角，器械倾角是指器械在空间飞行过程中其轴向（标枪的纵轴、铁饼的前后轴）与水平线所构成的夹角，冲击角是指器械纵轴与器械重心运动方向所构成的夹角，公转与自转分别指器械绕横轴和纵轴（标枪的纵轴、铁饼的上下轴）的转动。

投掷时的风速和风向对器械的飞行有一定的影响，所以理论上的最佳攻角、倾角和冲击角在一定范围内波动。在投掷铁饼时，一定的逆风条件有利于提高升力，从而延长铁饼滑行的时间，增加投掷的水平距离。在投掷标枪时，风速对 s 的影响很小，但下风会增加投掷的水平距离，逆风会减小投掷的水平距离，而侧风对标枪在空间中的飞行产生最不利的影响。

田径运动技术的原理是将田径技术的教学与训练与人类体育科学相结合的产物，这是指导田径技术教学和训练的基本原则。

第二节　田径运动的教学研究

田径教学应首先培养学生对田径运动的兴趣，促进体育运动的发展，全面学习和掌握各种基本的运动技能和运动技能。

在教学和训练中，我们应该注意各种各样的训练和教学方法，应注意姿势的正确性、运动的运动和运动的方向，应注意运动节奏和力量顺序的正确性。根据解剖和生理特点，应注意发展速度、反应速度、快速跳跃能力和运动协调等各种身体素质。

一、田径运动教学的发展历程及意义

最早的体育教学可以追溯到 19 世纪初，随着体育教学方法的兴起。

在早期体育教学中，田径运动是体育教学中仅有的内容，直到19世纪末，经过70多年的发展，田径运动教学理论和方法逐渐成熟。我国田径运动教学理论与方法的建立与发展是新中国成立后才简练起来的。

在20世纪50年代初，我国田径教学的理论和方法开始兴起，并在研究和学习苏联田径教学理论的基础上建立和发展起来。

早在20世纪中期，我国田径运动教学研究曾有过一段热潮。20世纪60年代末期至20世纪70年代中期，田径教学理论研究受到阻碍，直到20世纪70年代田径教学理论研究才在中国恢复，20世纪80年代以后的10余年间，我国竞技体育教学理论和方法得到了全面丰富和发展。以中老年教师和研究田径教学理论和方法的硕士研究生为主体，对田径运动教学规律和教学原则的使用、新的教学理论和方法的介绍和实验研究、比较国内外田径教学理论和方法、探索学生的个性特点、教学效果，进行了广泛而深度的研究。

（一）进行田径技术教学

通过田径技术的教学，使学生掌握各种田径运动技术，但随着体育运动越来越多，在教学时间有限的情况下，我们要选择主要的技术项目，使学生能够掌握主要项目的基本技能。

通过反复练习田径技术，严格要求和训练，提高学生的运动技能。在田径运动中应研究田径运动的要求，以使学生们了解和掌握田径运动的技术知识。

（二）提高身心素质

体育运动是最能体现体育运动质量的运动，通过反复的技术动作，可以有效地提高学生的身体素质、增强体质。

学习体育技术有许多困难和障碍。通过严格的要求，学生要克服学习困难，做到吃苦耐劳、坚定勇敢、纪律严明、互相帮助、互相学习、尊重老师、热爱集体、充分利用田径运动项目的特点，从而培养学生优秀的素质。

（三）提高田径运动的理论知识和思想意识

田径运动是世界上最重要的运动之一。通过对田径运动理论的研究，使学生更好地认识田径运动，提高田径运动理论水平，培养学生在田径运动体育领域的认知能力。

(四) 传授教学方法

对于田径专业的学生，通过田径运动课程的教学，要求学生掌握田径运动教学理论和各种技术教学方法，学习并参与田径运动教学文件的开发。为今后的实践能够熟练运用所学知识和更好地促进田径运动的广泛发展。

二、田径运动教学的要求

田径课程教学内容的构建是以体育竞技性、健身性、实用性三个属性为基础的。主要以走、跑、跳、投等健身方法为中心，兼顾教学各种行走、奔跑、跳跃、投掷的方法。

在理论部分以田径运动概述、田径技术原理为教学指导方向，应用于田径教学中、田径比赛等。

运动项目包括短跑、中长跑、跨栏、接力、跳远、跳高、铅球、标枪等。

实用技能包括越野跑、远足、游戏、娱乐性跳跃和投掷等，还包括定向越野等户外运动。

体育教学基本文件。教学文件是教学的重要基础。田径教学的基本文档包括田径教学的教学大纲，田径教学的整体进度；田径教学的理论与技术和理论的演讲、田径教学和技术教学的计划等。

(一) 田径运动教学大纲及材料

教学大纲是根据学校教育计划的培训目标、教学任务、课程时间和要求制定的，并根据学校体育教学的实际情况制定。它是教师和教学机构进行体育教学和学习的主要依据。

田径教学大纲的内容可分为以下几个方面。

1. 前言

前言是田径教学大纲的总体规划。首先，必须明确指出制定田径教学大纲的基础，明确培养目标和田径教学的任务和要求。田径教学大纲是教师实施和完成田径教学工作的指导文件。未经教研室许可，不得改变或违反田径教学大纲。

2. 学时分配

教学时间的分配是根据教育计划中所规定的田径教学时数的总和，分为理论和技术两部分，按一定比例分成两部分。在教学内容和课时的具体安排中应注意以下几点。

（1）在理论和技术课程中，应根据培训对象和目的的不同要求确定适当的比例，每个学期都要安排理论和技术课程。

（2）在考虑到田径运动的基本理论和各种技术项目的理论组成部分的基础上，组织理论课程的有序和系统化。除了考虑到整体的、系统的教学的本质外，技术课程还应该考虑各技术项目间的积极性迁移的规律，并避免运动技能的消极性迁移作用，同时还应考虑场地、器材、气候以及其他具体情况。

（3）运动技术的组织与安排主要因为，课程的持续时间可能会有所不同从一个项目到另一个地方，所以课程的总持续时间的三个类别：跑步、跳跃和投掷应大致相等，一般有三个类别的课程每学期安排。技术课程的分配取决于项目的重要性。

（4）男女之间的教材内容可能存在差异，但三个主要组的课时数和课时数应一致。

（5）应当明确规定每一项的考试和考查事项，并规定应当采取的工作时间。

3. 教材

理论部分：有必要单独制定教材的内容，并要求老师教新发展、特点和不同学术观点的新进展和国内外体育研究成果的基础上，形成教材的基本内容。

技术部分：每个项目的目的和内容应该明确定义，包括特点、项目的意义和作用，发展概况和趋势，不同技术国内外的观点，技术动作的规范，该规范的场地，游戏规则，判断的方法，教学过程和方法，错误的原因和纠正错误的方法，以及安全措施。

中学体育教学大纲中规定的体育运动的基本特点是：中学学生学习的基本特点、教学的重点、教学的组织、注意事项等方面。

4. 作业

为了培养学生独立分析问题和解决问题的能力，大纲应该列举一些理论教学主题和技术项目，让学生搜索和阅读相关的参考文档，了解项目的最新进展，对这些话题应该清楚地指定内容、要求和评分方法。

5. 课堂实践

为了培养学生实际中的工作能力和教学能力，学生应该在理论和技术课程中进行必要的实践。实践的内容、方法、要求和评分应明确。

6. 成绩考核

田径教学的绩效评估应当依法进行审查和考核要求规定的每一项教育计划，评估的内容和方法，规范技术评估的技术项目和评分标准的技术整合应在教学大纲中说明。学生的学习态度、课外作业和教学实践也要有明确的评分标准。

在教学大纲中还应明确界定理论考试、技术评价、技术标准、日常表现和课外作业的完成、课堂实践等方面的评价。技术评价应注重科学性和可操作性，技术评价指标不宜过多、过于详细。

（二）田径运动教学的进度安排

田径运动的教学过程是教学时间和课程的具体分配，是教师教学工作的基础。田径教学的进度可以分为两部分：一是学期教学进度，二是理论和技术课程的教学进度。

1. 学期进度

田径教学的进度是根据课程设置和教学大纲中规定的每个学期的课时安排进行的，并考虑到年级、班级和教师的具体分布情况。其内容包括一学期中各年级、各班、各周次田径课的教学进度及任课教师等。田径教学课程表是教学教室的教学进度，是每个教师教学时间、内容和目标的基础。

2. 田径运动理论与技术教学进度

根据课程内容、要求、课程安排、考核要求、标准等，制定田径运动的理论和技术路线。

内容包括课程的任务和重点、主要教学步骤和方法、考试的条件、标准和评分方法。理论和技术课程的教学进度是教师编写课堂讲稿和教学计划的基础。

(三) 田径运动教学的教案编写

理论课讲稿是教师根据教学大纲编写的,教师除了要关注基础教材的内容外,还应增加新的知识、新发展、新趋势,以及不同的学术观点和个别教师的观点和观点。

理论课讲稿的结构要简明扼要,要有一些生动的例子和材料。技术课程方案是根据方案的进展编写的,该方案应包括教学、技术学习和技能发展。

教学任务必须是实际的、具体的和适当的。

田径技术课程的计划通常由四个部分组成的,即起始部分、准备、一部分的基本部分(包括技术指导和练习)和关闭部分(包括组织活动,总结课程的作业,通知下一个课程的任务和内容等)。筹备活动的内容应与本课程的基本任务和内容一起设计。在最基本的部分,解释应该是精炼的,而归纳法的技术要点应该是合乎逻辑的。

行动论证应涉及不同的角度,对于教学组织、练习时间、练习和实践密度都要明确、具体、容易犯错误和伤害也要有预防措施。在放松和巩固练习结束时也应采取有针对性的方法。课后要在教案上追记课堂心得以及在下次课上应该注意的内容、对技术的了解,并做一个简短的评估。

三、田径技术教学的指导与研究

田径技术教学除了遵循一般的教学原则外,还具有自身的特点。这些特点取决于田径运动的技术动作,所以这些运动的技术动作的教学应遵循和遵循运动技能的形成规律。田径运动的技术教学可以分为三个阶段,即学习阶段、理解阶段和提升阶段。

(一) 学习阶段

学生学习和掌握技术动作,从而建立一个完整正确的技术动作概念。

通过老师的指导、示范或使用现代教学手段、视觉教学用具,让学生们意识到技术动作的整个过程、技术特性和要点、规范竞争规则和场地设备、开发和现有的技术水平的项目。通过学习和实践,使学生初步掌握技术动作。

这个阶段是学生学习掌握技术的阶段。其生理特征是:大脑皮层的刺激和抑制过程广泛扩散,内部抑制较弱,多反射的瞬态关系不稳定,处于泛化阶段。在技术动作中往往表现出过度紧张,动作不协调,节奏和控制能力差，容易出现冗余动作等情况。

教学重点：加强正确的技术动作观念，正确的技术动作顺序和正确的技术动作结构。教学、示范、示范、辅助技术手段都应以积极的教学为主。

在实施过程中要注意以下几个方面。

（1）教师的解释应简明、具体、生动，论证应正确、轻、清晰。在运用现代教学手段或直观教具时，通过语言提示，强调技术动作的正确顺序、结构和要领，使学生树立正确的技术动作概念。

（2）选择的教学手段应有利于树立正确的运动观念和积极完成运动。在教学中，实践通常是通过降低练习条件或简化动作来完成的。在实践中，技术的主要环节应该被强调，对于技术细节要求过多是不明智的。

（3）确保学生有足够的练习时间和练习时间，这样他们就可以一次又一次地练习和练习，以达到加强运动的目的。

（4）要注意预防和纠正学生练习中的错误。在纠正错误的行为时，不要急于指出，以免造成强化错误的危害，但要反复强调正确的技术动作原则，从而建立正确的技术动作概念。一定要有正确的行动，以增强学习的信心和热情。

（5）这个阶段的教学时间不应该过多，学生不应该要求掌握技术的程度，学生基本上可以做正确的技术动作。

（二）理解阶段

让学生掌握正确的技术，并逐步改善锻炼的条件和困难，提高学生对技术的理解，明确技术环节之间的关系，提高学生观察和分析技术的能力。纠正错误行为，提高技术细节。通过重复和完整的技术练习掌握正确的技术动作。

这一阶段是学生从对技术的粗糙掌握到掌握正确技术的基本掌握，其生理特征是大脑皮层兴奋性和抑制逐渐集中，分化抑制增强，兴奋相对集中，内部抑制逐渐发展和巩固，初步形成了动量定型。在技术动作中，它表明冗余动作逐渐消失，动作趋于准确和协调，但不形成动态形成。

一般的特点是学生们逐渐掌握了技术的细节和动作的节奏，能够正确把握完整的技术动作。

教法的重点是从总体到个体发展。纠正错误的行为，区分原因，来提高学生观察和分析问题的能力。

（1）教师应采用启发式教学和发现教学，加强学生观察和分析问题的能力。教师应将解释与问题结合起来，通过分析找出错误的行为，纠正错误的行为，培养学生找到问题的能力，并分析和解决问题。

（2）我们不仅要关注主要的技术环节，还要掌握运动的节奏和教学的技术细节，加强学生技术与技术环节的紧密联系。

（3）除了对一般性或一般性的错误行为进行集中纠正外，还应注意对学生错误行为的个别纠正。对于出现在学生身上的问题，要帮助其分析原因，使学生清楚是否属于行动概念的不清楚，身体素质不足，或心理原因。纠正错误的行为并对症下药，需要具体的方法和要求。对于一些技能较慢的学生，要有耐心和细心，看他们的长处，帮助他们建立自信。

（4）应注意逐步增加完整练习的比例。完整的练习应该逐渐过渡到比赛规则，让学生理解和掌握节奏和连贯性的整个技术动作。

（5）由于学生的情况不同，可能会出现两极分化现象。老师的指导应该集中在帮助贫困学生上。对于有较好的技能的学生，可以进一步改善。

（6）随着学生实践的速度和强度的提高，课堂纪律和安全教育应得到加强，应注意预防伤害事故。

（三）提升阶段

根据个人特点进一步完善和完善技术，提高体育成绩，提高理论知识和教学能力。

（1）根据学生的个人特点提出改进和完善技术的方法。

（2）指导学生学习相关文献，扩大知识面，加深对技术的理解，提高观察和分析技术的能力，将理论联系实际。

（3）在提高课堂教学效果的同时，加强对学生课外练习的指导和建议。

这一阶段是学生的技能从熟练到完美，表现出个体特征阶段，其生理特征是大脑皮层兴奋过程高度集中，内在抑制牢固，连接机制稳定，形成坚定的动态定型。

在技术的运动中，性能的掌握，熟练的开发更完美，更自由。在运动中，运动准确、省力、容易，并能完成技术动作的各个特点，整个技术动作可以快速完成。

这个阶段应该着重强调完善技术和运动成绩之间的关系。根据不同学生的具体情况提出不同的要求，说明努力的方向。

在现阶段，随着学生学业成绩的提高，他们往往把注意力集中在对运动成绩的片面追求上，忽视了进一步提高和完善自己的技能。因此，教师应该强调完美技术与体育成就的关系，引导学生在巩固和完善技术的前提下，提高技术和体育成绩的质量。

在这一阶段,由于大部分学生都进行了高强度、高速度的完整的技术练习,教师应该通过各种练习来调节课堂的节奏和控制运动量。同时,要加强预防措施,防止在课堂上发生伤害事故。

这一阶段要求学生独立思考,提高识别和分析技术的能力。教给学生正确的教学方法和基本的教学顺序和步骤,介绍提高基本训练方法和手段的运动成绩。

当学生的技术水平和运动成绩不断提高的同时,也应注意理论知识的同时提高。在这个阶段,教师可以向学生介绍不同类型的技术、技术发展的特点和趋势、理论研究成果等。

田径运动的技术教学虽然可以分为三个阶段,但在教学体系中却有着密不可分的联系。

在教学实践中,教师应遵循教学过程的规律,结合田径项目的特点和学生的实际情况,合理安排教学过程,提高教学效果和质量。

(四)田径运动技术课堂组织教学

在田径运动技术教学中,常用的教学方法有:讲解、示范、提示、提问和考试。由于技术学习的结果,不仅需要理解和记住,更重要的是肌肉的感觉和重复的经验,所以要强调精讲多练。

1. 讲解

解释是一种利用语言形象来描述技术动作要件的方法,提出要求,表达教师的思想和教学。

在阐释中要突出重点,语言生动形象,丰富的灵感,良好的引导,注重时间和效果的诠释。也可以用适当的"口诀"、"滑"等语言方法来解释。例如,在铅球教学中,教学模式的最终力量是"蹬、转、送、挺、推、拨",跨栏技术是"抬、蹬、攻、压、提、送"等。

教师应该熟悉田径的技术教学语言,使用形成田径知识框架体系的术语。它应该在层次上清晰、逻辑清晰、表现准确,能够运用更广泛和丰富的知识进行启发式解释和语言归纳,引导学生积极思考。在解释和分析学生练习技巧的实践中,注意解释的时机。经常在学生情绪高涨的时候,用表扬和纠正错误的解释;当学生练习疲劳时,可以分析技术细节。当学生害怕困难时,应该给予他们技术上的认可和鼓励。

合理而明确的解释使学生班级能够保持饱满的情绪和高昂的士气,提高教学效果。

2. 示范

教学示范是教师在教学过程中实施自己的技术动作的主要教学方法之一。它可以首先给学生视觉上的直观感受，树立正确的技术观念是很有帮助的。

在使用这种教学方法时，有针对性地突出主要的技术环节，选择合理的演示位置、方向和时间，并注意示范模式。老师的首次示范应该是一个完整的正确示范的，优雅、协调的技术，它可以帮助学生建立正确的运动和运动的外观的概念，并有助于激发学生的热情和主动精神，从而有效提高学习效果。

田径技术教学过程中，教师应该能够使比较正确和错误动作，这样学生可以通过演示明确教学的针对点。

3. 提示

提示是一种教学方法，旨在提醒学生在练习中使用短语言记住技术要点。

学生自己的技术实践是田径技术教学的主要内容。通过教师的讲解论证，学生初步确立了初步的技术概念，然后通过反复的技术实践逐步建立本体感受条件反射，通过反复实践，达到改进技术，并不断完善技术，最终掌握了技术。提示是学生技术练习中最常用的教学方法。

在技术实践中，应提前给出说明，然后根据练习中的情况提示某一技术环节的主要动作，用语应简短明确。建议掌握技术环节的难点和重点，并与技术动作的实践进行同步。常用语言有"抬腿""抬臂""加大幅度""挺胸抬头""提重心""等。

4. 提问

问题是在技术教学中要求学生回答的一种教学方法。它常用于理论教学，但在田径教学中不应忽视。

提问题可以提前预习学生预习，主动思考，并在学习中不断复习所学的知识，发挥激发学生思维的目标，达到练习结合的期望，提高教学效果。教师可以把每个技术环节和要点一一列举出来，分成不同的课堂、时间，让学生经常思考，这有利于提高学生分析问题和掌握技术动作的能力。

在后期的教学中，我们还可以运用问题和讨论的结合来激活学生的思想，加深他们的技术印象，激励他们学习。

5. 考试

考试是田径技术教学中的一种教学方法，可以检验教学效果，复习巩固知识和技术。

田径技术教学的考试一般分为理论考试、技术考试和普通考试三种。根据每个学期的具体情况，对这三种考试进行了不同比例的综合评分。平时我们对学习的评价通常是基于对学生学习态度的评价，课堂上的回答问题应该总结出通过考试的经验和教训，从而不断提高教学质量，提高教学质量。

四、田径运动技术教学方法

教学方法是指在教学中完成某些教学任务的方法和手段。在技术教学中，为了更好地学习和掌握各种田径技术，我们必须首先了解学生的学习技巧，形成一定的技能学习规则。然后根据学生在学习过程中的具体情况，选择合适的教学方法，通过合理、正确的教学手段，使学生在教学过程中尽快掌握田径的基本技能。

（一）程序教学法

在教学改革中，人们尝试运用各种教学方法来提高田径技术的教学水平，其中之一是程序教学方法。

程序教学法是一种按照设计步骤实施技术教学过程的程序方法。程序设计完成后，按照程序进行教学。如果某一程序任务未完成，则通过对前一程序或其他方法的反馈重新实施或补救，否则无法进入下一教学程序。这种教学对学生了解整个技术教学环节具有一定的优势，了解整个技术，提高自我控制能力。

这种教学模式采用控制论的理论和方法，可以控制技术教学的全过程，将技术内容逐一分解，并逐步呈现给学生，以确保学生掌握更复杂的技术。

在教学中，教师要求学生对教学的每一步都做出积极的反应，教师应通过观察学生的表现，并提出对技术知识理解的问题，及时做出确认。承认自己有权利直接进入学习的下一步，而错误地回到学习上。

实践中这种教学方法的优点是能够根据学生不同的学习能力采取不同的步骤，有利于组织学习内容，并能够将理论知识、回答问题和技术练习有机结合起来，有助于培养和提高学生的能力；身体素质较差、学习能力较慢的学生，可以加强基本技能的反复练习，从而打下良好的基础，并有一定的学习动机，以便在后期学习中赶上其他学生。

然而，课程教学方法存在一些不足之处，如学生不能离开教室去玩耍和创造，必须循序渐进；教学时学生层次拉开较多时，给教学的组织带来一些困难等。因此，课程教学方法的灵活运用正在逐步探索程序教学法的灵活应用，以逐步完善这种方法。

（二）发现教学法

发现教学方法是指提供线索的教学方法学习在教学过程的开始，在整个学习过程中，发现一些问题，学生可能会遇到在学习技术，使他们能够独立发现问题线索，并让他们学习和实践的问题。一方面，学生在练习中找到了问题的答案。另一方面，让老师和学生在学习过程中一起发现新的问题，并在实践中找到答案。

在运用发现教学法时，教师首先要分析学生学习田径技巧可能会遇到的困难，然后列出可能出现的问题，并为学生的学习提供帮助。常用卡片教学形式，将记录问题的卡片发给学生，让学生根据问题思考、回答并实践。

教学方法的优势在于使学生能够积极参与教学过程，研究问题，提高学生的能力，培养学生的思维能力，提高学生的创造力，提高学生的理解能力。但组织教学带来了一些困难，如很难控制教学过程、学生对知识的接受能力不足等。

（三）完整教学法

在田径技术教学中，以完整的技术动作练习为主的教学方法称为完整教学法，每个田径技术项目的教学应在正确的时间采用完整的教学方法。

使用完整教学法可以保持技术动作的完整性和正确的技术结构，使动作连贯和自然，有利于快速掌握一定的技术动作。特别是对一些技术动作比较简单，很区分章节教学的竞走、中长跑、加速跑等项目，他们的技术动作是周期性的动作环节，不应被分为单一的技术环节供学生练习。

在重复和完整的技术实践中，学生们已经有了自然的运行技术动作来提高，可以取得更好的教学效果。

当使用完整的教学方法时，可以在教学过程的开始阶段进行完整的技术练习。然而，在这一点上，学生们不能正确地完成全部的技术动作。因此，有必要在有目的的阶段提出技术行动学习的重点，逐步完善和完善主要环节的技术行动，使整个技术能够以协调的方式发展和完善。例如，在完整的跑步教学方法中，两臂的摆动首先是需要强调的，然后是腿的运动，上半身的压力和脚的地面是逐渐要求的。这样可将完整教学法分阶段体现出来。

（四）分解教学法

在田径技术教学中，完整的技术动作被合理划分为几个部分。首先对动作的各个部分进行教学，然后逐渐将动作的各个部分连接起来。

根据技术的复杂性，教学方法可以将技术分为几个环节，使复杂的操作简单易学，便于学生学习和掌握。同时可以让学生学习复杂的技术动作，有自信和勇敢完成每一个技术环节，最终掌握完整的技术动作。例如，如果你让一个学生直接扔标枪，学生就会不知所措。当你将把整个标枪技术握枪和持枪、助跑、最后用力和维持身体平衡等技术环节进行教学，逐个教学，最后学生们就能很快掌握。

技术的一些关键环节或部分技术需要强调加强，也可以采用分解教学的方法。例如，尽管运行技术的教学是一个完整的教学方法，但为了强调高抬起的大腿，高抬腿可以作为一个重要的技术环节，现场支持的高抬腿，原位抬起膝盖触角，如分解练习加强的关键技术。

在田径技术教学中，完整教学法和分解教学法都不是单独使用。在使用完整教学方法的过程中，包含着分解教学法的使用；在使用分解教学法的过程中，包含着完整教学法的使用，它们相互补充。根据项目的特点，将分解方法和完整的方法有机地结合起来。

一般来说，一种完整的教学方法用于简单易学的技术动作，而分解方法则用于更复杂的技术。

当使用完整的教学方法时，我们应该注意从慢到快的步骤，从集中到一般，从少到多，从容易到难，逐步使学生提高。如果运行的技术教学，运行速度开始减慢，在一般的速度体验臂提升技术动作，然后逐渐提高运动速度，在快速运行的掌握合理的技术。在使用完整的教学方法时，应适当利用分解方法突出技术的关键环节，提高技术环节。例如，在教学冲刺时，虽然采用了完整的技术教学，但在改进技术的同时，只能进行原地摆臂运动或原位支撑髋部抬腿运动，此时可用于强化分解方法以加强技术环节的实践。

在使用分解方法分解复杂技术时，应注意完成技术的主要特点，各技术环节的分解应合理，尤其要强调技术环节的衔接。否则，技术动作分解是不合理的，应用不当，分解练习太长，容易形成整个技术动作脱节，技术动作现象不连贯。

在分解教学过程中，必须有一个完整的技术教学过程，使学生能够正确地建立起整个技术的概念。它通常用于先分解，然后完成，分解，然后完成两个或多个循环，这对提高教学效果非常有帮助。

使用完整教学法对简单易学、易于掌握的技术动作是有好处的，但对复杂的技术动作的直接学习是不利的。而分解的教学原则有利于学习更复杂的技术动作，但当使用不当时，会造成技术上的脱节，产生一些冗余的动作。因此，在教学中应合理运用这些教学方法，注意其利弊，使教学效果更好。

目前，在教学改革中，以往传统教学中被认为是复杂的田径项目的技术教学，正试图直接使用完整的技术教学方法。例如，在跨越式和跨越式的实践中，一些人尝试采用整个教学方法，使学生在整个技术概念中始终能学习到整个技术。

（五）系统教学法

系统的教学方法把整个田径运动教学作为一个完整的教学体系。这种教学方法注重田径教学的整体优化。在田径教学的系统中，我们看到每一个实践和经验在技术项目作为整个系统的一个子系统，考虑每个项目之间的内在关系，并以每个项目作为一个整体系统的子系统，需要考虑每个项目的作用和影响。在此基础上，我们对田径运动的教学进行了安排。

系统的教学方法往往体现在教师的讲课和学生的练习中。系统的教学方法有其特有传统，对系统的知识理解和学习有很大益处的。然而，这种方法是基于传统的教化教学模式，却不利于学生的创造性思维和主动学习的全面发展。

（六）模块教学法

模块化教学是指根据田径运动的特点，因为一些运动在技术上是相似的，我们将几个项目结合起来形成模块化的教学方法。

这种教学打破了传统的教学模式，单一的课堂不安排一种技术教学，而是将几种技术项目组合在一起，采用了类似的基本技术。例如，跳高和跳远技术、跳远和三级跳技术都可以同时在几节课中进行教学和实践；投掷项目的技术、跨栏和短跑技术也都可以在几节课上教授和练习。

这种模块化的教学安排，使学生能够基本一致地理解力的作用，缩短教学时间，有利于教学改革。同时可以丰富田径教学课程的形式和内容，激活课堂气氛，提高学生的学习兴趣。然而，对设备、教辅、空间的要求、各种技术的传授都不易掌握，学生在各个层次上的学习难以统筹兼顾，这是这一方法的实施需要注意的。

田径教学中各种教学方法各有利弊。教师在应用时必须注意自身的特点，合理运用各种教学方法。

在长期的教学实践中，有两种不同的教学观点，具体如下。

一是强调教师和教材作为教师、教师、学生学习教学过程的重点。这种教学强调对系统知识的介绍和研究，注重知识的完整性，要求学生全面地接受知识。

二是突出学生的重要性和问题作为教学的重点，强调教学过程是学生自身的活动，应鼓励学生主动识别问题并提出问题。重视学生在学习过程中的主导作用，强调一边学习，一边培养创造性思维，同时进行练习。要求学习应以提高能力为主。

无论采用哪种教学方法，前提是教师必须首先具备较高的业务素质和思想素质，能够运用课堂教学安排、教学方法和控制能力。否则，无论教学方法和教学观念如何，都很难实现。

在实践中，我们经常可以看到，不管采用什么样的教学方法和概念的优秀教师，他们可以通过使用一个方法取得更好的教学效果，通过引用两个或三个方法，巧妙地将各种方法的长度在一个教学方法实现灵活的应用程序。这是因为他们具有较高的业务水平和思想素质，能够根据实际情况灵活运用各种教学方法，使教学效果达到最佳。

五、田径运动技术教学伤害事故预防办法

在教学的过程中，有时追求最大力量、速度、高度和距离，发展学生学习、掌握技术和持续改进他们的体育成就，在实践和活动高潮的出现，竞争作为一种教学方法，特别要注意教学伤害事故的发生。

通常，由于准备活动不足、技术概念和过度的力量、过度疲劳或用力过大、设备使用不当、运动集中、未能遵守课堂纪律和安全规定等，导致滑移、跌倒、碰撞、扭伤或扭伤。

因为学生没有集中注意力，不遵循教学规则和要求的顺序、方向和过程，忽视了安全要求，不遵守课堂纪律等，导致了他人的碰撞。

由于教师教学组织不严格，选择的方法、手段不当，或对学生的接受能力和承受能力估计高，产生的伤害事故。

技术教学是在教师的主持下进行，受伤的发生直接关系到教师预防伤害的能力。因此，教师应将预防伤害事故作为备课的重要内容之一，应考虑到哪些方面，哪些情况下容易发生伤害事故，应采取针对性的预防

措施。

课堂纪律要严格，教学方法要合理。同时根据学生的身体状况，适当调整运动负荷。

教学过程中在学习阶段，特殊的准备活动和教学材料的主要内容应该有机地相结合，学生对技术概念的理解应该指出，锻炼的强度应该适当控制，和学生应该严格要求按照正确的方法练习。学生在分组练习时，必须有足够的间距和距离，严格遵守统一的口令。这一要求应该在投掷过程中更应严格地执行。

在教学的过程中掌握的阶段，在推广阶段，学生更容易学习和使用的技术，有更高的动机来练习，逐渐增加强度，改善其运动性能更快，但自我控制较少，有时容易伤害事故。在这两个阶段中，教师应根据具体情况，严格限定场地、运动方向、练习方法和注意事项。

按照体育技术教学的安全规程进行实践。教学轨道和现场技术的一般安全规则如下。

径赛项目：赛道上的技术指令只允许逆时针方向运行。当两个或多个项目正在使用跑道时，应指定单独的跑道。当学生离开跑道返回起点时，他们应该从跑道两侧返回，不允许停留在跑道上或穿过跑道。在跑道上严禁跨栏，严禁在跑道上进行跳跃和投掷活动的教学和练习。

跳跃项目：跑道要平整，不允许越过跑道。起跳板应与地面水平，沙坑柔软不应该夹杂着石头、碎片等。跳高架放置平稳，沙坑内只准按同一方向做同一项目的练习。海绵应该有足够的弹性、厚度和面积。撑杆跳点应该受到保护和连接。

投掷项目：投掷设备应集中在指定位置，学生不得使用投掷器械进行投掷练习。在团体练习期间，应该有足够的时间间隔，根据统一的口令来拿起设备。当拿起设备时，不要扔回，也不要相互扔。在旋转投掷的情况下，不应同时允许投掷。如有必要，应在笼中进行练习，器械出手的一侧不准站人，不准任何人在投掷场内任意穿行。投掷项目的训练中，如果发生伤害就是极为严重的事故，所以教学训练中一定要确保安全。

第三章　田径运动健身理论

本章阐述了田径健身运动的基本理论，其中包括田径运动健身概念、田径运动健身练习与设计、田径运动健身的作用与方法、田径运动健身的指导与评价。有助于学生在掌握田径运动健身理论的同时，学会在田径健身项目中进行自我锻炼的自我指导和评价。

第一节　田径运动健身的概念

高校体育中的田径运动教学，随着"全民健身计划"的实施，也逐渐由竞技性向健身性发展，这使田径运动教学在观念上得以拓展，在内容上得以扩充，为田径健身运动概念的提出奠定了基础。这一节将从田径运动健身的定义出发，探究田径运动与健身的关系、田径运动健身的目标与田径运动健身的意义。

一、田径健身运动的定义

田径健身运动是以增强体质、提高健康水平为目标，以现代科学技术和运动与健康基本理论为基础，采用走、跑、跳跃、投掷等多种身体练习而进行的一种体育健身活动。这就是田径健身运动的定义。通过大力开展和研究田径健身运动，可以挖掘田径健身运动的属性，发现田径健身运动的规律，发展与完善田径健身运动的理论与方法，丰富田径运动的理论体系，拓展田径健身运动的内容，使其更好地为基础教育体育课程改革服务。

田径健身运动的目的是通过进行多种形式的走、跑、跳跃、投掷等身体练习，使广大参加者掌握田径健身运动的基本技术、技能，有效而全面地发展身体素质和提高基础运动能力，从而达到最佳的健身锻炼效果，即增强体质。田径健身运动采用的走、跑、跳、投4种运动形式，恰恰是人类最基本的运动方式，经常参加田径健身运动，能够有效地提高人的基本活动能力，提高人体器官系统的机能水平，全面发展身体素质，对强身健体有着积极的作用。

二、田径运动与健身的关系

从历史角度看田径运动的发展，它与人类的生存与发展息息相关，它伴随着人类进步而产生，随着社会的发展和科学技术的进步而完善。它先是人们娱乐活动和强身健体的基本手段，进而演变成竞技运动。在生产力低下的原始社会，走、跑、跳、投作为人类生存和生活的基本活动技能，通过投掷石块或木棒猎取动物作为食物，有时为了追赶动物或躲避猛兽的伤害，人类会奔跑穿越各种沟壑，可以说这就是田径运动的雏形。比如19世纪初英国的游牧业比较发达，很多在游牧业中的活动移植到了大学的运动场，如英国的跨栏跑。这些显示勇气、力量和速度的运动，在高校迅速发展。又如铅球比赛，它起源于中世纪，由于火炮的出现，士兵把推掷炮弹作为训练、娱乐和强身健体的手段，逐渐演进成比赛，至今日本仍把铅球称之为"炮弹丸"。还有像马拉松的故事，公元前490年，希腊人和波斯人在希腊的马拉松镇进行了一场激烈的战斗，结果希腊人取得了胜利，为了把胜利的消息尽快地送到雅典，派了一位叫菲利比斯的战士，从马拉松镇一直跑到雅典，当他到达雅典时已经精疲力竭，传达了胜利的消息以后便死去了。在1896年第1届现代奥运会上，为了纪念有历史意义的马拉松战役和壮烈牺牲的菲利比斯，举行了从马拉松镇到雅典的长跑比赛，并把这项比赛命名为"马拉松"。现在的田径运动项目的起源和发展基本都是有故事的。而田径运动的历史是人类追求生存、追求健康、追求身体和精神的完美结合、追求奋发向上的历史。

田径运动不仅能均衡地发展人的身体素质，而且能培养人良好的意志品质。每当提到田径运动，人们立刻联想到田径场上运动员奋力拼搏、你追我赶的激烈竞争场面，会联想到啦啦队震耳欲聋的加油助威，奥运赛场上运动员争金夺银的竞技场景。但如果把田径场上摘金夺银作为终极形式，过多强调了它的竞技作用，忽略了它的健身等多元功能。那么就失去了意义。不可否认，在我国学校体育和群众体育运动蓬勃发展中，田径运动已经成为必不可少的一项内容，但是也存在一些认识上的误区，有一些学校过多强调了它的竞技功能，停留在为比赛服务的认识上，使这一极具锻炼价值的项目受到了限制，使田径运动在学校体育教学中的作用和地位被削弱。在我国推行奥运战略和全民健身战略的今天，要对田径运动和健身的关系进行反思。张贵敏等国内学者早在1995年《田径热点论》一书中就提出：田径运动应在实施全民健身计划中发挥它的作用和地位。田径运动是群众喜闻乐见的一项体育活动，以其场地器材简单，受季节和气候等客观条件影响小而著称。伦敦、东京、纽约、北京等地的马拉松比赛，参加者多至几万人，少则万余人，其浩大的声势和价值是其他运动项目难以比拟的。世界各地的优秀运动员与广大长跑爱好者同场竞技，不分肤色，不分年龄，上至白发苍苍的老人，下至少年儿童，有健康人，也有坐着轮椅的残疾人，场面壮观。在我国无论是城市，还是乡村，在公路上、校园内、公园里，从事田径运动锻炼的人随处可见，它有着极为广泛的群众基础。

田径运动是体育运动的基础，这体现在田径运动在竞技体育中的重要作用，也包含着全民健身的价值。因为它能有效地发展人的速度、力量、耐力以及灵敏、协调等身体素质，田径运动能够培养人良好的意志品质的观点已在高校师生中基本达成了共识。

三、田径运动健身的目标

田径运动健身的目标就是提高人的身体健康指标（包括身体和心理两个层面），最终达到提高人的整体综合素质水平的目的。具体表现在如下几个方面。

第一，在高校体育教学中要充分发挥田径运动健身的作用。要全面发展学生身体素质，培养学生吃苦耐劳、勇敢顽强的意志品质，根据学生年龄特点及兴趣爱好，开展灵活多样的教学，以其独特的魅力，吸引更多的学生加入到田径运动健身的行列中来，提高学生身体的健康指标。

第二，营造出良好的社会田径运动健身氛围。根据广大人民群众对体育运动日益增长的需求，运用田径运动的基本内容和形式，加强田径运动健身的创新，用生动有趣的方法和手段，来满足人民群众进行体育锻炼和群众性竞赛活动的需求。

第三，结合国家大政方针，注重每个人的自由个性发展。在田径运动健身方面，最大限度地提高中华民族的身体素质，为奥运战略的实施打下坚实基础。

要实现这三方面的目标，有关部门和媒体要广泛地宣传田径运动健身在全民健身中的重要意义，以及有关田径运动健身的知识、技术和方法，也需要体育工作者改进田径运动的教学和训练方法，创新健身项目，供不同的人群健身选择，全面发挥田径运动健身在"全民健身计划"和"建设社会主义精神文明"中的重要作用。

四、田径运动健身的意义

田径运动健身的主要目的是增进身体健康。随着社会的进步与发展，健康的概念也在更新。从最初生活水平较低时身体健康即是"健康"，到现在随着生活水平的提高开始关注人的心理健康、行为正常、社会道德规范、环境完美的现代健康观。而且世界卫生组织关于健康的定义是："健康乃是一种身体上、精神上的完满状态，以及良好的适应能力，而不仅仅是没有疾病和衰弱状态。"这就是人们所说的身心健康。改革开放以来，特别是市场经济体制运行以来，我国经济迅速发展，人民的生活水平得到了极大地提高，人们的需求不再满足于衣、食、住、行层面上，而是把参加体育运动作为一种时尚去追求，也可以说健康已成为人们的追求亮点。

田径运动是一种户外体育活动，经常从事田径运动能均衡地发展人的身体素质，最大限度地提高人的环境适应能力，还可以接受阳光照射、吸收新鲜空气等大自然的恩赐，使人保持愉快的心情，这是其他运动所不能代替的。田径运动健身给人们带来了不可忽视的意义，主要表现在以下方面。

第一，促进身体健康为身体全面发展做好准备。发展速度、力量、耐力、柔韧和协调等基础素质是田径健身运动的重要任务和目标。对各种走、跑、跳跃、投掷等的练习，首先要考虑的是发展练习者全面的基础运动能力，发展这些基础性的运动能力，对练习者的生长发育，提高健康水平，增强体质都有重要的意义和作用。

第二，为有需要的人发展体育特长，学习个性体育技术找到支点。田径技术是人体走、跑、跳跃、投掷的典型运动方式，而多种形式的健身性练习可以全面发展学生的走、跑、跳跃、投掷能力的基础性练习，它可以有效地发展人的走与跑的能力，为学习田径技术奠定基础。在田径运动健身中，参与者可以有效地挖掘自身的体育特长，通过多种形式的田径健身练习，充分发展多种形式的走、跑、跳跃、投掷能力，可以为学习、掌握这些田径技术打好基础，为适合自己的体育项目找到支点。

第二节　田径运动健身的练习与设计

田径运动是体育运动的基础，经常从事田径运动，可以全面发展青少年学生的身体素质，培养他们吃苦耐劳、勇敢顽强的意志品质，尤其是培养他们对外界环境的适应能力，这是其他体育项目所不能替代的。田径运动健身练习的项目分类主要包括田径运动健身跑类、田径运动健身跳类以及田径运动健身投类，各类有不同的练习方式。而针对这些练习的设计又有相同的设计原则和步骤，这是田径运动健身顺利、有效、安全运行的保障。

一、田径运动健身练习

我们按照田径运动健身练习的项目分类来介绍其练习，包括田径运动健身跑类练习、田径运动健身跳类练习、田径运动健身投类练习。各部分练习各有特色，都对人的综合身体素质有很好地提高效果。

（一）田径运动健身跑类练习

走与跑是人类最基本的活动技能，也是田径运动健身最基本的运动项目。它是力量、速度、耐力、灵敏和协调等身体素质练习的基本手段。经常从事走、跑练习，可以增强人体的新陈代谢，改善人体各器官系统功能，从而提高适应运动的能力和人体的综合素质。据有关研究表明：神经系统是人体发育最早和最快的系统，在10~12岁时，是发展运动协调性和速度素质的黄金时期；12~14岁时，应加强运动技能的学习，全面发展一般力量；15~16岁时，可以开始采用较大重量的负重练习来发展力量；17~18岁时，可以进行大强度的力量和专项耐力练习。

在高校的田径运动教学中经常重复单一性的动作，很容易产生一种单调枯燥的感觉，会影响到健身的效果，因此跑的内容与形式一定要具有娱乐性、趣味性和游戏性。根据跑的方法和大学生的身心特点，可以进行一些游戏式练习，吸引学生对田径运动的兴趣，下面是一些具体的练习方法。

1. 击掌接力跑练习

（1）练习准备。精神方面：发展速度和奔跑能力，以练习培养集体主义精神。场地方面：在练习场地上画30或35米间距的两条平行线。

（2）练习方法：把学生分成人数相等的两队，每队再分成甲、乙两组，成纵队面对面相对站立在两边的起跑线后。教师发出口令后，甲组排头迅速向乙组跑去，拍乙组排头的手，自己站到乙组的排尾；乙组排头击掌后迅速跑向甲组，拍甲组第二人的手后，站到甲组的排尾，如此依次进行，每人都跑完一次，先跑完的队为胜。

（3）练习规则：起跑前必须站在起跑线后，不得踏线。起跑信号发出后，甲组第一人才能起跑，其余的人击掌后才能起跑。

（4）练习安全提示：游戏进行中要按各自的路线跑，避免互相冲撞。在传接接力棒等实物时注意不得抛接，谁弄掉的接力棒应由谁捡起，捡起后方能继续跑进。

2. 折回跑接力练习

（1）练习准备。精神方面：发展灵巧性，提高学生急停和快速转身跑的能力，以培养坚持不懈的精神；场地方面：在场地上画一条20米起跑线和三条折返线，每条线长20米，折返线到起跑线的距离分别是10米、15米、20米。

（2）练习方法：将学生分成人数相等的四个队，各成一路纵队站在起跑线后。教师发令游戏开始后，各队排头迅速起跑到10米线处折回起跑线；再跑到15米线处返回到起跑线；最后跑至20米线处返回到起跑线，拍本队第二人的手后站至队尾。第二人击掌后用同样的方法折回跑，如此依次进行，直至全队、轮换一次，以最后一人领先跑完的队为胜。

（3）练习规则：不得抢跑，发令后或拍手后才可起跑。折回跑时，必须脚触及相应的线后方能折回，否则重新跑。

（4）练习提示：折回跑的距离和次数，可根据奔跑的能力适当增加或减少。此游戏也可采用多种方式的综合折回跑，如向前跑、倒退跑等。

3. 结对曲线跑练习

（1）练习准备。精神方面：发展灵敏奔跑的能力，以培养集体合作的精神。场地方面：在场地上画两条相距50米的平行线，一条为起跑线，另一条为终点线，在两条线之间并排放置两组实心球，每组9个，每球相距3米，两组相距5米（也可用其他球代替）。

（2）练习方法：将学生分成人数相等的两队，各成一路纵队面对实心球，分别站在起跑线后，后面的同学抱住前面同学的腰部。教师发令后，两队迅速出发，依次绕过所有的实心球，成曲线行进。以排尾先过终点线的队为胜。

（3）练习规则：绕实心球时，不得触及或跨过实心球。中途如队伍散开或颠倒顺序，必须在原地集结好才能继续前进。

（4）练习提示：实心球的数量，可以根据情况来选择。参加游戏的人数过多时，可分成若干个队。当实心球不足时，可用人代替站在场地上，也可用其他物品代替。

4. 转身起跑练习

（1）练习准备。精神方面：发展快速反应能力，以培养灵活应对的精神。场地方面：在跑道或平整场地上画两条相距20米的平行线，分别为起点线和终点线。

（2）练习方法：将学生分成若干组，每组6~8人。游戏开始前，第一组学生背对跑道蹲在起跑线后，两手扶地做好起跑的"预备"姿势。听到教师发令后，迅速转身起跑。在终点处设有裁判员（可由其他组学生来担任），根据到达的先后顺序排出名次。然后，将各组同名次者排在一起，再进行比赛。

（3）练习规则：按短跑起跑的要求进行，起跑犯规者罚下，并按最后一名计时。

（4）练习提示：每组两人之间的距离不小于2米，以免转身产生碰撞。起跑的预备姿势可以是坐、仰卧、俯卧等动作。

以上几种练习方法，可根据各自的条件、对象的特点创编出新型练习方法。另外，还可以借助自然环境或人工模拟各种情境进行障碍跑，既变换了练习环境，又可以激发学生的练习积极性，获得更好的练习效果。

（二）田径运动健身跳类练习

田径运动健身跳类运动项目是人类基本活动技能之一，所谓跳跃是一种"以取得较长时间腾空为目的的人体非周期性活动形式"，健身跳跃就是以健身为目的的跳跃活动，因此它不同于竞技运动的跳跃运动。

跳类健身练习的内容丰富多彩，练习方法也多种多样。以下是最常用的田径运动健身跳类练习之一的跳绳练习。

跳绳是源于民间的一种游戏，千百年来经久不衰，一直备受欢迎，被誉为最佳的健身运动。它不受时间和地点的限制，而且简单易学。跳绳除具有原地跳跃练习所带给身体的益处外，它还有活跃大脑的作用，跳绳是全身参与的综合性运动，使大脑充分参与运动，手握绳头不断旋转，会刺激拇指的穴位对脑下垂体发生作用，进而增加脑细胞的活力，以提高思维和想象力。另外，跳绳需全身协调配合，因此可有效发展协调性和灵敏性。跳绳是以下肢弹跳和后蹬动作为主，全身肌肉参与活动，腹部肌群配合提腿，可增强肺、血管和心脏功能。

跳绳的形式多种多样，节奏、强度也可以随时控制。跳绳可分为多人跳、双人跳和单人跳，这里主要给大家介绍单人跳的方法，分别有：前摇跳、后摇跳、双摇跳。

（1）前摇跳练习。练习动作要领：前摇双腿跳练习，身体自然站立，手持绳于体后侧下举。双肘自然弯曲固定于体侧，用力由后向上挥摆，并以手腕为轴向前转动绳，当绳由体前落下接近垂直部位时（绳不触地），两脚同时跳起（直腿或屈腿）越过绳。脚落地时双手继续向后，向上摇绳。注意两肘自然弯曲固定于体侧，松握绳，手腕灵活由前向后用力转动绳。跳起时两脚迅速蹬离地面，落地时前脚掌着地，屈膝缓冲。

另外，前摇跳练习还有前摇单脚跳（由右脚或左脚连续跳跃）、前摇交换腿跳（左脚、右脚交换依次跳越绳子）、交叉前摇跳（两手持绳从后向前摇动，当绳落至体前水平部位时，两臂迅速前交叉，当绳接近垂直部位时，两脚同时或依次跳过，落地时两臂继续向后摇绳。绳至头上垂直部位时，两臂由交叉还原至上举）等方式。

（2）后摇跳练习。练习动作要领：后摇双腿跳练习，身体自然站立，两手持绳体前倒下举。双手用力由前向上挥摆，以手腕为轴向后转动绳，当绳由体后落下接近垂直部位时（绳不触地），双脚（同时或依次）、跳起越过绳，双手继续向前、向上摇绳。后摇跳的方式有：后摇单脚跳、后摇双脚跳，后摇交换跳以及后摇交叉跳。

（3）双摇跳练习。练习动作要领：双摇跳跳练习，身体自然站立，双手持绳于体后倒下举。两手持绳用力由后向上挥摆，双脚用力蹬离地，同时以手腕为轴迅速转动绳两周，脚落地后两手继续由后向上摇绳。

在练习初期，可选择单摇双脚或交换跳，也可以在两次摇绳跳中加一次垫步虚跳。随着体力和熟练性的增加，可加快节奏，或可加大负荷进行单脚连续跳或双摇跳等。每次练习时间控制在 10~20 分钟。另外，跳绳应选择在木板地或草地上练习，穿柔软平底鞋。整个锻炼过程可分为准备活动、热身、加速跳、减速跳、放松等几部分，练习要循序渐进，不可急于求成。

（三）田径运动健身投掷类练习

田径运动健身投掷练习有别于竞技投掷比赛，场地、器材及技术可不受限制，完全是以提高身体素质和健身为目的的体育活动。经常正确进行田径运动健身投掷练习，对人的体形、机能、身体健康及心理情绪都有良好的促进作用。健身投可以消耗脂肪，使肌纤维变粗、横截面积增大，使肌肉发达。长期进行健身投掷的练习，可以使神经系统调节机能得到改善，刺激神经肌肉快速冲动，增加肌肉中的毛细血管，三磷酸腺苷酶提高，从而增加肩臂和腰背部的肌肉力量，加快单个动作的速度，使大脑皮层的兴奋和抑制快速转换，达到改善身体的协调能力和反应速度的目的。

田径运动健身投掷练习在高校体育教学的开展中具有得天独厚的条件,器械除了正式的投掷器材外,各种实心球、垒球、木棒、石块等都可以用来练习。方法多种多样,可进行掷远,也可进行掷准,还可进行游戏等。

1. 投标枪练习

(1) 标枪投准练习

以右手投掷为例,面对投掷方向,两腿前后开立,右手持枪左脚在前,单手持枪于头上方。投掷时,右臂将枪后引,右腿蹬地转髋,转体,转肩翻肘,投掷臂做鞭打动作,将标枪掷向前方地面的靶子。可根据投掷的远度设计靶子的大小和环数。每人试掷3次,根据环数的多少确定胜负,多者为胜。

(2) 标枪投远练习

面对投掷方向,两腿前后开立,右手持枪左脚在前,单手持枪于头上方。投掷时,右臂将枪后引,右腿蹬地转髋,转体,转肩翻肘,投掷臂做鞭打动作,将标枪掷向前方地面的靶子。远者为佳,多次反复练习。

2. 投球练习

投球练习是为发展力量素质,提高投掷的准确能力为目的的。首先,要在平坦场地上画半径为2米、4米和8米的三个同心圆,在半径4米的圆上等距画四个半径20厘米的小圆,四个小圆内分别放一个实心球,另备四个实心球。

练习的实施方法是:将游戏者分成人数相等的四组,分别面对各自的小圆成一路纵队站在8米圆外,每组排头持一实心球。游戏开始,各组排头持实心球向面对的小圆内的实心球投击,使其滚向半径2米的圆圈内,滚入圈内可得一分。排头投击后,迅速捡回球,并将一球放在本组小圆内,另一球交给下一位,依次进行,最后以得分最多的组为胜。

练习需注意:实心球整体进圈方为有效;投击时不得越过8米圆圈线。

二、田径运动健身练习的设计

田径运动改革的任务之一就是改革传统的走、跑、跳、投的单一竞技运动模式,设计和创编寓娱乐、健身和竞赛为一体的健身项目。它也是推动广泛开展群众性田径运动的重要途径。所以田径运动健身练习的设计就十分重要。要做好这方面的设计要遵循一定的设计原则和练习实施的方法步骤。

（一）田径运动健身练习设计的原则

田径运动健身项目大致包括以下几个方面：一是在学校体育教学中开展的健身项目，二是在全民健身中开展的健身项目，三是在群众性体育竞赛中开展的趣味性健身项目。无论是哪一种健身项目，都应该科学合理地设计和编排，才能达到预期的目的和效果。因此，在设计和编排健身项目时，应遵循以下原则。这里我们注重在高校体育教学中开展的健身项目的原则。

1. 安全性原则

首先，要保证器材等客观条件的安全性。许多田径运动的健身项目都有一定的难度，失败的现象时有发生，所以在场地器材等方面要保证参赛者的安全，场地应当平整，器械要牢固可靠，并且要有一定的保护措施。其次，在设计和编排健身练习时，要充分考虑到不同体力的差别、不同性别的差别，不同年龄的差别等因素。预计到可能发生的危险状况，做好应对突发状况的准备，保证练习顺利有效进行。

2. 趣味性原则

兴趣性是推动人们从事各种活动的一种内部动力。设计与编排田径运动健身练习一定要使其有趣味性、娱乐性，富有吸引力，使参加者感到有兴趣参与并乐在其中，具体应包括以下两个方面：一是内容要生动活泼。设计和创编练习时，使内容与游戏有机地结合起来，增加活动的趣味性；也可以和众所周知的历史典故、幽默笑话等联系起来，让参加者体验到比赛的无穷乐趣。二是练习中道具或者服装等的设计应适当采用夸张的手法。设计和创编练习时，可采用一些夸大或加大头、脚、手比例的方法，来吸引参加者或参观者的注意力。

3. 竞争性原则

练习要有竞争性。竞争性不仅是趣味性的一个重要体现，也是田径运动健身项目的基本特征，但它必须有别于竞技体育的竞争形式，强调身体高度协调和统一。它是在适宜的运动负荷状态下的竞争，使参与者在竞争中得到快乐。没有竞争性也就失去了活动的趣味性，在设计练习时要充分考虑到这一点，以胜负烘托活动的气氛。因而在设计田径健身运动练习时，适量的运动负荷是必不可少的。难度过高，力所不及；难度过低，轻而易举，均不利于激发参与者的动机。运动量过小，机体得不到应有的刺激；运动量过大，易造成过度疲劳，甚至发生伤害事故。所以，适量的运动负荷是创编田径健身运动项目的基本特征，当然它绝不能与竞技体育的竞技性相提并论，这里的竞争，强调身心的高度和谐与统一，是在适量的运动负荷状态下的竞争，使参与者在竞争中得到快乐与身体素质的提高。

4. 适时适度原则

适量的难度负荷与适度的练习时间是保障练习效果的两项指标。适量的难度负荷指活动的形式和内容，是参与者完成活动时必须承担的最适合的综合负荷。它包括心理和身体两个方面的负荷。难度过高，则活动无法进行，难度过低，则降低了活动者的欲望。设计练习时，要使参与者在活动中，必须经过一定智力和体力上的努力，克服一定的困难才能完成。一是要动作的方式适当。根据不同的参与对象设计出与之相适应的动作方式，使参与者易于接受。一般认为，在精巧性项目中，误差允许度越小，则动作难度越大；反之则动作难度越小。二是要不同动作组合适当。在田径运动健身项目的活动中经常发现，完成单个动作的成功率比完成与之相适应的组合动作要高。三是要注意力的分配与转换合适。这是指完成动作时，参与者注意力同时分配给不同方面，应注意前后转移的速度。同时知觉的事物越多，注意转换间隔时间越短，则练习难度越大。在设计练习时，设计者一定要亲身体验、反复实践，掌握第一手材料。调整运动量一般通过调整活动的时间、距离，调整器材的规格，调整活动的难度负荷和比赛方法等手段来实现。

（二）田径运动健身练习的设计模式

田径运动健身项目的创编是田径运动改革的内容之一，是推动田径运动在群众中得到更加广泛开展的途径。在设计田径运动健身练习时，应以田径运动中的走、跑、跳、投等基本活动形式为根基，以健身为目的，以娱乐为依托，集健身和娱乐为一体，把握田径运动属性和本质特征，找到练习设计的基本模式。

以下是经过探索得出的田径运动健身练习的设计模式。

（1）首先要对创编的运动项目进行构思，然后定出名称。

（2）用术语描述练习设计的做法，包括动作规格、开始姿势、结束姿势、启动方式、运动的路线和方向，如属集体项目，则应对如何分队、队形的要求和怎样衔接等进行详细说明。

(3) 如用文字描述难以表述时，可用绘图的方法加以说明，图文并茂，让参与者明确项目进行的基本方法。

(4) 制定规则与要求，包括确定成绩的方法、胜负标准、违反规则、裁判员的数量和裁判方法等。

(5) 绘图说明场地的形状、距离、规格、器材的设置，并注明所用器材的名称、规格和数量等。

(6) 注明奖惩详细办法。

(7) 进行试验和修改。

(8) 定稿并推广。

第三节　田径运动健身的作用与方法

"健康始于足下"，脚步与腿部的作用在田径运动健身中起着非常大的作用。田径运动健身从健身运动的角度又可以分为健身走、健身跑、健身跳、健身投四个方面来说。这四方面所起的作用和运动的方法各有不同，但都为身体带来有益健康的效果。

一、田径运动健身的作用

现代医学认为，田径运动能够使全身骨骼、肌肉、关节都参与活动，继而将血液、呼吸、循环、消化、泌尿、内分泌及神经系统都达到活跃的状态中，这对提高整体作用，维持生理平衡，促进新陈代谢，都有着极其重要的作用。具体地讲，田径运动健身使全身肌肉得到锻炼，从而变得更加结实，手臂、腿和背部都变得更加灵活。而健壮的肌肉使关节固定在既定的位置，并承担锻炼施加于关节的一些压力，这实际上是在保护关节，更好地增强心肺功能。

（一）健身走的作用

对青少年来说，通过各种方式的行走练习，能够让他们有一个正确的走路姿势，帮助他们塑造一个良好的体形和步态，防止他们以后可能会出现"八字脚"或"内八字"等不良走路习惯，并促进他们脊柱得到良好发展以及腿部骨骼、肌肉的健康发育。对中老年来说，他们如果能够坚持进行健身走方面的练习，不仅对增强腿部骨骼、改善肌肉的质量非常有益，还能使心血管功能保持良好状态，并且有助于呼吸系统机能的改善。

对患有肥胖症、高血压等慢性病的患者来说也有非常不错的效果。在郊外美丽的风景中健身走，能够缓解工作、生活中产生的各种心理压力，降解心理疲劳感，让自己的身心得到放松。

目前已有许多研究证实，规律的健步走可有效锻炼身体各个部位，温和地健步行走，具有神奇的抗衰老功效。健步走对人体的头脑、肺部、背部、腿脚等都有意想不到的效果：促使脑部释放内啡肽，使心情愉悦；增加肺活量、降低嗜烟者对吸烟的渴望；加强背肌力量，且对背部伤害较小；走相当于对骨骼进行力量训练，能明显增强腿脚骨骼和肌肉力量。一周步行三小时以上，可以降低35%到40%的患心血管疾病风险。一周三天，每次步行45分钟以上，可以预防老年痴呆。一周步行7小时以上，可以降低20%的乳腺癌的患癌概率。步行能增强心脏功能，使心脏慢而有力；能增强血管弹性，减少血管破裂的可能性；能增强肌肉力量，强健腿足、筋骨，并能使关节灵活，促进人体血液循环和新陈代谢；可以增强消化腺的分泌功能，促进胃肠有规律的蠕动，增强食欲，对于防治高血压、糖尿病、肥胖症、习惯性便秘等病症都有良好的作用；能减少人体腹部脂肪的积聚，保持人体形体美。

（二）健身跳的作用

经常进行健身跳练习，可以有效地提高神经过程的灵活性和支配肌肉收缩与放松的能力，能改善位置感觉器官和前庭器官的机能，提高平衡与协调能力。通过练习，可以有效地发展腿部力量，特别是爆发力；提高下肢的柔韧性和运动幅度。连续跳跃则对发展呼吸、循环等内脏器官的功能有积极的作用。

健身跳练习有益于形成正确的体态和健美的形体。可以加强关节的韧性，提高关节的弹性和灵活性。使心脏功能加强，使心肌纤维变得强壮而有力。经常锻炼会使人的呼吸加深，次数减少。强壮消化系统，使消化液的分泌增加，胃肠蠕动增强，消化、吸收加速。改善肾脏的血液供应，提高肾脏排除代谢废物的能力。消耗掉多余的脂肪，通过对全身各主要部位进行刺激性练习，减少皮下脂肪的增长。

健身跳对运动器官的作用：经常进行一些跳跃练习，能有效地促进下肢血液循环，增加骨骼的营养，减轻骨质脱钙，防止老年性运动器官损伤；少年儿童经常从事一些跳跃练习，有益于神经系统和运动器官，尤其是下肢肌肉、骨骼、关节、韧带匀称、协调的发展，促使他们行动敏捷、灵活，反应迅速，并且对身高增长也有明显的促进作用。

健身跳对心血管系统的作用：健身跳通过人的双足与地面发生冲撞和

摩擦，对足底产生强烈的刺激，促使足部的血液循环加快，增加了足部的血流量，同时也加快了血液回流速度，从而促使了血液循环系统的功能。

健身跳能起到控制体重、防止肥胖的作用：健身跳属于有氧代谢运动，练习的强度和量易于控制和掌握，经过进行健身跳练习，可促进新陈代谢，消耗大量的能量，减少脂肪的积存。

（三）健身投的作用

经常参加投掷运动，对发展上肢、躯干和腿部力量有积极作用，可以有效地发展力量素质，特别是爆发力。此外它有助于提高青少年神经系统支配肌肉的能力，可以提高动作的协调性和投掷的准确性。进行投掷练习可以加强肩带肌力量，提高上肢的活动幅度。可以全面促进青少年骨骼肌肉的发育和完善，发展肌肉力量和质量，形成健壮的骨骼和肌肉，有助于塑造健美的体形。投掷运动利用全身的肌肉，但它是有明确的力量点的，而且多数时候投掷讲究某部位力量的爆发力。

健身投可以使体格健壮，体型健美。因为投掷项目要通过人体肌肉收缩来实现对器械的作用力。通过投掷锻炼，人体的肌肉能产生明显的变化，原有的肌纤维变得更加粗壮、结实、肌肉块增大，肌肉力量得到增强。从而使人的体格变得更加健壮。而且各种投掷练习手段，都是用来发展人体各部位肌肉活动能力的。它可以消耗脂肪，降低体脂占体重的百分比，使肌肉质量得到提高。

健身投可以改善肌肉的协调能力，投掷练习时，为了提高器械出手的初速度，要求加大对器械的作用力。作用力来源于肌肉间相互的协调能力，各部位肌肉产生的力量必须通过投掷臂集中到器械上。经常刺激神经肌肉快速冲动，使大脑皮层的兴奋和抑制过程快速转变，肌肉的紧张和放松也相应地交替迅速，加快了单个动作的完成速度，同时，肌肉对神经刺激所产生的反应，使身体的各部位肌肉协调配合能力得到提高。

健身投可以增强关节的灵活性和稳固性。经常从事投掷练习，可使髋关节、骨密质增厚。因为投掷练习需要髋关节、肩关节、肘关节，手关节的活动来完成动作。它可以使肌腱和韧带增粗，在骨附着点处直径增大，胶原含量增加，单位体积内细胞数目增多，投掷练习增强了关节周围的肌肉力量，加上肌腱和韧带的增粗，关节软骨的增厚，加大了关节的稳固性。

健身投可以增强肌肉力量，预防身体技能能力的退化。肌肉力量是维持全身活动的基本动力，可以帮助人们很好地完成日常生活中很多重要的活动。投掷练习可以明显地使神经系统的调节机能得到改善，肌肉中的毛细血管网增多,肌纤维数量增加,肌肉中蛋白质含量增加,从而增加肌肉的力量,特别能增加肩膀和腰背肌的力量。

二、田径运动健身的方法

田径运动健身从健身运动的角度又可以分为健身走、健身跑、健身跳、健身投这四方面来说明,其四方面运动的方法各有不同,既可单独作用又可共同作用达到不同的健身效果。

(一) 健身走的方法

1. 散步

散步是步伐轻松、步幅较小(50~60厘米)、步速较慢(25~30米/分)、运动量较小的健身走方法。

散步时保持正确的姿势才能达到良好的锻炼效果,正确的身体姿态为:在走步过程中,头部正直但可以自由转动,上体正直,两臂协同两腿迈步动作自然前后摆动。两腿交替屈膝前摆,足跟着地滚动至脚尖时,另一腿屈膝前摆足跟着地。步幅因人而异,一般一至两脚长度。

2. 走步梯

走步梯,也叫"爬楼梯",是人们利用楼梯的高度进行的上下楼梯的多次往返的运动。

上步梯正确身姿:上楼时上体微前倾,有意识地屈膝抬腿,前脚掌握稳台阶中部,随即蹬伸支撑,后腿屈膝抬起,前脚掌撑稳在高一级的台阶上,两腿交替着不停地登上楼梯。

下步梯正确身姿:登上楼梯后稍等,脉搏恢复正常后开始下楼,下楼时上体微后仰,肌肉放松,用前脚掌有弹性地交替落在台阶中部。

3. 倒步走

倒步走即反向行进,人倒着走步。

倒步走的正确身姿:上体自然垂直,不要抬头后仰,眼要平视前方,右腿支撑,左腿屈膝后摆下落,前脚掌先着地后滚动到全脚掌着地,身体重心随之移至左腿,右腿屈膝后摆下落,前脚掌先着地后滚动到全脚掌,两臂协同两腿自然摆动。

4. 踏步走

踏步走是原地走步或稍向前移动的特殊走步方法。

踏步走的正确身姿：身体直立，两臂自然下垂或屈臂，两腿交替屈膝抬起，使全脚或前脚掌落地，两臂协同两腿前后摆动。

5. 快步走

快步走是一种步幅适中、步频和步速较快（130~250米/分）、运动量较大的走步方法。

快步走正确身姿：在走步过程中，两臂配合两腿在体侧协同摆动，前摆时肘部成90度角，手臂高度低于胸，后摆时肘部也成90度角。两臂摆幅随步幅的变化而变化。两腿交换频率加快，步幅尽量稳定，前摆腿的脚跟着地后迅速滚动至脚掌，后脚再离地，动作要柔和。步速要均匀，也可采用变速的方式，但注意不要出现两脚都不着地的腾空状态。

（二）健身跳的方法

健身跳不同于竞技运动的跳跃，由于跳跃的目的不同，跳跃的形式、方法要求也不相同。健身跳的方法要符合不同年龄、不同水平练习者的需要；健身跳的内容和形式要具有一定的娱乐性、趣味性；健身跳的练习容易产生负荷，特别是中老年人要控制在适当的限度内。

提高身体素质的健身跳有：高度跳和远度跳，高度跳和远度跳又分别包括原地跳和助跑跳，原地跳和助跑跳各分为一次跳和连续跳，再分为徒手跳和负重跳，最后分为障碍跳和无障碍跳。

常用的高度跳练习如原地跳起摸高或头触高物（一次或连续、徒手或负重）、原地双脚跳越障碍、原地收腿分腿跳、提踵跳、弓步换腿跳、单腿登台阶（低凳）跳、快速挺举跳、助跑摸高、助跑跳越障碍（栏架、横杆）等。

常用的远度跳练习如立定跳远、立定三（五、十）级跳、助跑跨上跳箱（台阶）、多级跨跳、单脚跳等。参加健身跳练习要根据心情和身体的状况来决定练习的量和强度。

综上归纳，在选择练习时可以根据需要进行组合，如采用原地高跳时，可以一次跳（纵跳）、徒手、无障碍，也可以连续、负重、障碍跳，还可以一次跳、负重过障碍等，远度跳也是如此。

（三）健身投的方法

投掷练习的器械主要是实心球，实心球健身的方法可分为前抛实心球、后抛实心球、原地推实心球、双手胸前推实心球、坐姿体侧抛实心球、双手正面掷实心球、单手掷实心球、跪投实心球、仰卧投实心球这9种。掷带球的练习方法可分为带球掷准和带球掷远两种。掷垒球的练习方法可分为原地单手掷垒球、上步投垒球、助跑投垒球等几种。此外，用篮、排、足球等作投掷物，也可以作投掷练习。投掷练习可以是投远，也可以是投准。

第四节　田径运动健身的指导与评价

有对田径运动健身进行科学、有效的指导和合理评价的系统，它是田径运动健身锻炼取得最佳的效果的保障之一。

一、田径运动健身的指导

田径运动健身的目标是培养人的锻炼习惯和体育意识，在广泛进行全面锻炼的基础上，保持良好的体能，促进健康，达到一定的运动水平。在开展田径运动健身锻炼的过程中，应当有以下几方面的指导。

（一）明确目标，适宜练习

明确健身目标，选取适宜练习设计与方法。对练习者而言，参加田径运动健身锻炼，是为了全面增强体质，促进其健康成长。在确定目标时，要特别注意学生个体的生理承受能力和心理适应能力。必须遵循因人而异的原则，帮助学生选择适合其身心发展的锻炼项目，合理设定锻炼目标，既要有一定难度也不能超负荷。

（二）培养习惯，树立意识

培养良好健身习惯，树立终身体育意识。大学生随着眼界的开阔，可选择性的增加，生活方式的变化，体育活动的时间相对减少，对体育的兴趣有下降趋势，这一现象在女生中更为明显。在校时期能否形成良好的健身习惯，不仅对身体的健康水平、个性形成和个体的社会化程度有直接关系，而且也对是否能够终身进行体育锻炼有重要意义。而相对来说田径运动健身的项目更加具有基础性，一旦形成习惯，就更容易持之以恒。因此，培养大学生良好的健身习惯，是田径运动健身指导中应当考虑的重要问题。

（三）科学负荷，合理运动量

合理控制健身练习负荷，科学安排运动量。在对田径健身运动的练习设计、内容选择、运动量的安排、评价标准的制定上都要考虑到年龄、性别、地区等不同方面，做到区别有效对待。田径运动健身是以人体适应性原则为依据，田径运动健身负荷量与强度均应小于田径运动训练。据运动生理学研究，以有氧心率为（120~140次/分）控制练习负荷，对发展有氧代谢能力效果最佳。在控制健身锻炼负荷时，还应遵循循序渐进原则。教师通常采用观察法，即通过对学生运动疲劳程度的观察，来判断运动负荷是否适宜，观察的内容包括面色、排汗量、呼吸频率、动作质量、表情等。疲劳程度可分为轻度疲劳、中度疲劳和非常疲劳三种，在田径运动教学和锻炼过程中，为了取得增强学生体质的最佳效果，多数项目和多数时间应安排学生在轻度疲劳程度上进行锻炼。

二、田径运动健身的评价

田径运动健身的评价方法分为客观评价和主观评价两种，它们都是对参加田径运动健身锻炼的效果予以测量、分析和判定。通过评价，使健身者获取健身效果的信息，了解所实施的健身内容与运动负荷对强身健体是否有效或效果大小，从而确定是否按原定计划继续实施练习或是对练习的内容和负荷进行调整，以确保田径运动健身锻炼的效果。

（一）客观评价

客观评价是指用客观的标准，对田径健身锻炼的效果进行定量的评价。具体的客观评价标准有以下两方面。

1. 参照《国家体育锻炼标准》进行评价

《国家体育锻炼标准》中的前4类锻炼和测验项目，都是以跑、跳、投项目为主，并从儿童、少年到成年都确定了具体的标准，因此可以以《国家体育锻炼标准》规定的各项标准来对田径运动健身的效果进行客观评价。

2. 参照《全国田径业余锻炼等级标准》进行评价

《全国田径业余锻炼笔级标准》是国家体育总局为了贯彻落实《全民健身计划纲要》，进一步推动我国田径运动的发展，增强人民体质，于1998年批准的并在全国颁布、实施的田径锻炼项目和评价标准。其中男、女各设十三个项目，每个项目分为三个达标等级。《全国田径业余锻炼等级标准》不仅有利于推动青少年参加课余田径健身锻炼，而且也可以作为评价学生参加田径健身锻炼效果和水平的客观标准。

（二）主观评价

1. 健身者的自我评价

健身者在田径健身练习后，可进行及时性评价和阶段性评价。如果健身练习后精力充沛、精神振奋，食欲和睡眠良好，身心愉快，这便是田径运动健身锻炼取得良好效果的标志，应按原计划继续锻炼。相反，如果运动后身心无明显反应或深感疲劳，食欲不振和失眠，厌倦锻炼，甚至对运动练习的内容有抵触、惧怕心理，说明所实施的健身练习无效果或有害，应及时对现有练习情况进行分析，并对练习的内容和负荷进行必要的调整。通常，当天运动带来的疲劳能在当天或第二天恢复，说明运动是有效果的。健身者同时还要培养自己良好的运动心态，循序渐进，不急于求成。

2. 教师的指导性评价

高校体育教师除应对学生田径运动健身给予指导之外，还要对学生参加田径运动健身锻炼进行评价，这有助于学生按科学的、正确的方法练习，纠正练习中存在的缺点与错误，从而获得良好的健身效果。对学生一次练习后的及时性评价，可以通过观察学生运动疲劳程度的外部表现（如面色、汗量、呼吸、动作和表情等）进行评价。对学生一个阶段锻炼后的阶段性评价，则须通过观察和了解学生参加锻炼后的身体反应、心理反应、运动能力增长、学习与生活等多方面的情况或进行体检后，经过认真和综合性分析再做出结论。教师的指导性评价既要中肯又要注重鼓励，使学生在充分认识到自己健身实际的同时，保持积极向上的心态并坚持不懈。

第四章 田径运动竞赛的组织、裁判与编排系统

本章主要论述田径运动的组织与裁判,其内容包括田径运动竞赛的组织、田径运动竞赛的裁判以及田径运动竞赛的编排系统。

第一节 田径运动竞赛的组织

在激烈的田径运动竞技中,顽强拼搏精神展示着高尚的体育风采。群众性的田径运动,对开展全民健身、振兴中华和建设精神文明也产生着深远的影响。田径运动竞赛在实施奥运争光计划和全民健身计划中发挥着积极的作用。

田径运动竞赛是对田径教学、训练、科研工作的总结,通过检查,交流教学、训练、科研工作开展情况,进一步提高田径运动技术水平,促进全民健身活动的开展。田径运动是最富有群众性的体育运动,从奥运会到基层运动会,从竞技体育到全民健身活动都离不开田径运动。

田径运动竞赛组织形式很多,田径运动竞赛的规模、类别也有较大差异。因此,应根据不同的目的和任务,组织各种不同规模、不同类别、不同形式的竞赛活动。

田径运动竞赛项目多、赛次多、参赛人多、场地器材复杂、比赛时间集中、有关竞赛信息量大,因此,田径运动竞赛的组织工作十分繁杂,要组织好田径运动竞赛,就需要用科学的观点和方法进行工作。

一、组织工作系统

直接影响运动会举办的成败,影响着参赛者竞技水平的发挥的因素是田径运动会竞赛组织与管理,其效率及管理能力。在综合性运动会中,田径运动会可作为一个子系统,在田径单项竞赛中则作为一个单独系统,并运用系统科学的某些方法和手段予以实施。

（一）组织工作系统的形式

田径运动作为一个系统，包括系统框架、系统结构、系统流程、计算机网络系统四部分。

1. 系统框架

系统框架是宏观管理的系统形式，反映了竞赛组织系统的面貌，是在运动会筹备、组织管理及竞赛中自上而下纵向联系的系统，根据这个系统框架确定各层次负责人、工作人员、官员和裁判员（图4-1-1）。

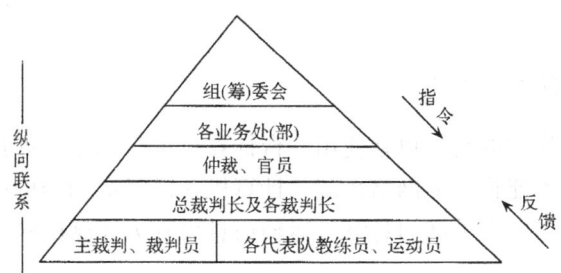

图 4-1-1　竞赛组织系统框架图

2. 系统结构

根据运动会的规模、人数机构设置的需要等确定的系统结构。如果把田径运动会作为一个大的系统结构：则可包括组织系统结构、管理系统结构、裁判系统结构、后勤保障系统结构等，还可确定一些中小结构，如径赛、田赛、编排、赛前控制中心等。在运动会实施过程中，通过系统结构的设置，明确相互间的关系，在工作中运行机制就会畅通。三要运动会应根据规模、人数、财力和实际需要，确定基层运动会的工作结构（图4-1-2）。

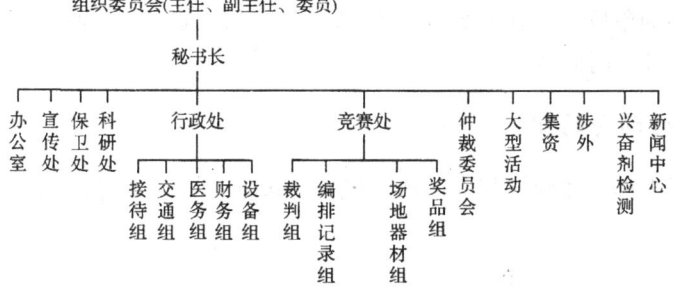

图 4-1-2　竞赛组织系统结构图

3. 系统流程

需要我们注意的是，田径运动会从规程的下发到运动会的结束，应形成时间序列，拟订出几个阶段的中心工作。从编排记录组、赛前控制中心到赛后控制中心，各裁判组之间都有一个动作过程❶。

如果没有科学的系统结构，没有合理的分工，其系统流程在操作起来将很难实施。因此为保证工作计划按步骤进行，使各业务处（部）、各裁判组之间协调配合，同步进展，可设计各单位的系统流程，按照系统流程组织、安排、实施各项工作。系统流程的设计应当在系统结构的基础上进行。

4. 计算机网络系统

需要我们注意的是，单独使用一台计算机进行编排、处理记录成绩及处理相关信息不能称之为网络系统。计算机在田径运动会中已不陌生，以计算机中心为主向有关部门各终端运输信息可称为计算机网络系统。

（二）组织工作方案

根据上级有关竞赛计划和任务，经过论证确定组织工作方案。组织工作方案是一切工作的依据，一般包括以下内容。

1. 运动会的名称、目的和任务

根据本系统、本单位年度的中心任务、竞赛计划中规定的竞赛性质和特殊要求来确定运动会的名称、目的和任务。

2. 运动会的规模

根据运动会的目的、任务确定其规模大小，主要包括主办单位、承办单位、参加单位、参加人数（含裁判员和工作人员）、组别、项目以及运动会的地址、时间等。

3. 运动会的组织机构

根据工作需要建立相应的组织机构，包括形式、业务部门、名额、负责人等。

---

❶ 王兴林. 田径运动概论 [M]. 北京：科学出版社，2009.

4. 运动会的经费预算

运动会的经费预算包括场地修建、器械设备、会场布置、宣传、医疗、交通和住宿等。目前在举办运动会时，根据经费开支的需求，还应考虑上级拨款、自筹和赞助的经费预算。

（三）组织工作程序

1. 组织时间序列

为了能明确各阶段所需天数，按部就班地工作。我们拟订出运动会筹备时期应分几个阶段进行，各阶段围绕中心工作应开展的各项工作步骤，按确定的时间、时限形成时间序列的组织形式。

2. 组织结构流程

在田径竞赛组织工作中，编排是较典型的组织结构流程，要考虑诸多因素才能使编排科学合理，要有利于运动员竞技水平的发挥和裁判员的工作。组织结构流程无时间限定，但依附时间序列实施动作。

二、田径运动竞赛的编排记录公告工作

田径运动会编排记录公告工作是田径运动会最为重要的一个环节，直接影响着裁判工作的进程和运动员参加比赛的情况❶。

（一）赛前编排工作

（1）学习竞赛规程和田径规则，了解运动会的期限、天数，作息时间，开、闭幕式（表演内容）的时间。

（2）了解参赛单位人数、组别设置。

（3）场地器材条件、跑道条数、跳跃和投掷场地及器材数量。

（4）熟悉赛次的安排、录取办法、录取名次、计分办法。

（5）掌握裁判员的人数、水平、等级情况。

---

❶ 编排记录公告工作可分为赛前、赛中和赛后三个工作阶段。赛前：比赛前编排比赛日程，根据比赛的规模和性质，提前一定时间编排出比赛日程，向各参赛单位公布；赛中：比赛期间的临场编排、记录公告工作；赛后：比赛结束后的成绩统计和整理工作。

（二）审查报名工作

（1）根据竞赛规程规定的报名办法和参加办法审查报名表，纵向检查每项报名人数，横向检查每个运动员报的项目是否符合竞赛规程。

（2）审查竞赛规程中对参赛资格的特殊规定及要求，如注册单位、年龄、学籍、学制、健康证明等。

（三）各项统计工作

（1）统计各组别、各项目参加人数，主要用于分组（表4-1-2）。

表4-1-2 各项目参赛人数统计表

项目\参加单位人数							小计
径赛							
田赛							
全能							

注：此表应印入秩序册内。

（2）统计各单位参加人数、各项参赛人数，分别统计各组男女运动员人数和工作人员数（表4-1-3）。

表 4-1-3　各单位参加人数统计表

单位	运动员人数						工作人员					合计	备注
	成男	成女	少男	少女	合计		小计	领队	教练员	医生	管理	小计	
					男	女							
合计													

注：此表是编排各项比赛分组和计算各项比赛时间的依据。

（3）统计兼项。利用兼项统计表（表 4-1-4）对一人兼报多项的情况进行统计。

表 4-1-4　兼项统计表

兼项＼项目	100 m	200 m	400 m	……	跳高	跳远	推铅球	……
100 m								
200 m								
400 m								
……								
跳高								
跳远								
推铅球								
……								

注：统计运动员的兼项情况，作为竞赛日程编排工作的参考。

兼项统计表的绘制与统计，应注意下列事项。

①表内各项目的排列顺序应与报名表一致，以便统计。

②表上方与表左侧的项目栏内，各项目的排列顺序必须相同。

③统计时，应按报名表将运动员进行逐个统计，在斜线右方的兼项格内，用铅笔画"正"字。

一人兼报两项或三项比赛的统计方法具体如下。

①按表（表4-1-4）内项目所列顺序，先排定运动员的报项顺序。例如，报项为跳远、100 m、推铅球，则其排列顺序：100 m 为第一项；跳远为第二项；标枪为第三项。统计时依此顺序进行。

②一人兼报两项的统计方法。按运动员的报项顺序，在表内左侧项目栏内第一项的横行和表上方的项目栏内第二项的纵行所对的兼项格内画"正"字。例如，某运动员报两项：100 m、200 m（表4-1-5）。

表4-1-5　兼项统计表

项目 兼项	100 m	200 m	400 m	……	跳高	跳远	推铅球	……
100 m		—						
200 m								
400 m								
……								
跳高								
跳远								
推铅球								
……								

③一人兼报三项的可分两步进行统计。第一步，在表左侧项目栏内第一项横行与表上方项目栏内第二、第三项的纵行所对的兼项格内依此画"正"字。第二步，在表左侧项目栏内第二项横行，与表上方项目栏内第三项的纵行所对的兼项格内画"正"字。例如，某运动员报三项：100 m、跳远、200 m（表4-1-6）。

表4-1-6　兼项统计表

项目 兼项	100 m	200 m	400 m	……	跳高	跳远	推铅球	……
100 m		—				—		
200 m						—		
400 m								

续表

项目 兼项	100 m	200 m	400 m	……	跳高	跳远	推铅球	……
……								
跳高								
跳远								
推铅球								
……								

所有兼项运动员逐个逐项统计结束后，将各项中的"正"字，分别累计成数字，用毛笔填写，悬挂起来，以备编排时参照。

（四）编排顺序号码

编排顺序号码的原则具体如下。

①按报名先后顺序编号，一般东道主排在最后。

②按大会规定顺序编号，如报名单已按大会固定号码填报，则应审查有无差错。

③编写运动员姓名号码对照表，格式如表 4-1-7 所示。

表 4-1-7　运动员姓名号码对照表

队名：×××				
领队：×××				
教练员：×××　×××				
医生：×××				
工作人员：×××				
男运动员号码：（001~030）				
姓名	出生年月日	身高体重	项目1	项目2
女运动员号码：（031~060）				
姓名	出生年月日	身高体重	项目1	项目2

（五）编排项目参赛名单和填写卡片

（1）逐人（队）、逐项填写成绩记录表，将径赛项目的姓名、单位、号码和报名成绩填写在《径赛成绩记录表》（表4-1-8）上。参加接力比赛的，填写《接力比赛成绩记录表》（表4-1-9），按队填写。田赛项目待最后确认参赛者后，再填写《田赛成绩记录表》。每项一张，田赛表格分为高度表和远度表两种。全能项目填写一张全能记录表（表4-1-10）。

表4-1-8 径赛成绩记录表

项目：

号码	姓名	单位	报名成绩	全国纪录

赛次	组次	道次	比赛成绩	决定成绩	名次	备注
预						
次						

表4-1-9 接力比赛成绩记录表

项目：

单位					
棒次	第一棒	第二棒	第三棒	第四棒	备注
号码					
姓名					

赛次	组次	道次	比赛成绩	决定成绩	名次	备注
预						

次									
复									
决									

表 4-1-10　男子十项全能成绩记录表

号码	姓名	单位	100m	跳远	累积分	推铅球	累积分	跳高	累积分	400m	累积分	110m栏	累积分	掷铁饼	累积分	撑杆跳高	累积分	掷铁饼	累积分	1500m	总分	名次	备注

全能裁判长：　　　　技术官员：　　　　　　成绩统计官员：

月　日

（2）省市级以上运动会为了便于确认和比赛分组，通常还编制出各项目参赛运动员名单，格式如表 4-1-12 所示。

表 4-1-12　×××参加运动员名单

项目：

号码	姓名	单位	报名成绩	备注

（3）在基层有关中小学田径运动会上不使用成绩记录表，径赛分组编排时直接使用《起终点用表》（表 4-1-13），这样编排记录组工作量减小了，但漏洞、出错等较容易发生。

表 4-1-13 起终点用表

男　　米
女

道次	1	2	3	4	5	6	7	8
号码								
姓名								
单位								
成绩								
名次								

第二节　田径运动竞赛的裁判

本节将主要论述田径运动竞赛的裁判，其主要内容包括田径裁判工作系统、技术代表、技术官员及仲裁委员会职责、总裁判长、副总裁判长职责、赛前与赛后控制中心工作、径赛项目裁判工作。

一、田径裁判工作系统

田径运动会裁判员队伍的组织机构是一个庞大的群体结构，竞赛时采用大兵团作战，因此组织工作要严密，管理工作要严格。

二、技术代表、技术官员及仲裁委员会职责

技术代表、技术官员及仲裁委员会职责具体如下。

（一）技术代表

（1）技术代表应与大会组委会共同保证全部技术性安排完全符合田径竞赛规则的规定。

（2）赛前应对竞赛日程、报名标准和比赛器材进行审核。决定田赛项目的及格标准和径赛项目的赛次与录取原则。

（3）负责审核报名。凡不符合有关规定者，有权以技术性理由不批准其报名。

（4）赛前主持技术会议，讨论决定竞赛中的有关问题，以及对参赛运动员进行确认。

（5）应参与全部比赛项目的分组，主持各赛次分组，抽签排定道次以及全能分组等编排工作。

（6）组织领导技术官员，并负责为每项比赛指派一名技术官员在比赛现场工作。

（二）技术官员

（1）技术官员应对各项主裁判的工作给予一切必要的支持和协助。

（2）受技术代表的指派到各项比赛现场监督整个比赛是否按规则要求进行。

（3）对该项比赛的进行不得进行任何干预，如发现不符合规则规定的问题，并认为需要提出改进意见时，首先应向该项主裁判提出建议，必要时可提出劝告，如仍不能解决，则向技术代表报告。

（4）比赛结束，审核成绩，在比赛项目成绩单上签名。

（三）仲裁委员会

（1）处理各项抗议，同时对发生于比赛中提交仲裁委员会的其他事宜做出裁决。仲裁委员会的裁决为最终裁决。

（2）凡对规则未曾涉及的问题做出裁决，事后应由仲裁委员会主任向有关田径协会报告

三、总裁判长、副总裁判长职责

总裁判长、副总裁判长职责具体如下。

（一）总裁判长职责

总裁判长是全体裁判员的最高领导者，在竞赛委员会领导下具体组织裁判员进行工作的总裁判长职责具体如下。

1. 赛前工作

（1）熟悉竞赛规程，全面了解场地器材设备情况，制定裁判工作计划。

（2）深入了解裁判员的思想品质、业务素质和身体健康状况，合理分工。

（3）了解编排工作情况，重点是审查比赛秩序和径赛、田赛、全能项目每个单元的安排情况，精确估算时间，做到准时开始、按时结束。

（4）组织全体裁判员学习竞赛规程和竞赛规则，研究裁判方法，督促裁判组制定工作细则。

（5）组织各裁判组严格检查场地、器材和设备，发现问题及时解决。

（6）组织裁判进行现场实习，使裁判员明确岗位任务、活动范围和路线，熟练地掌握能判方法。

（7）在技术会议上宣布竞赛的有关规定，如检录时间、田赛和全能高度项目的起跳高度和升高计划、自备器材的检查和长距离比赛自备饮料的检查等，经过技术会议决定后，作为大会正式竞赛规定执行。

2. 赛中工作

（1）每单元比赛开始前，按规定时间检查各裁判组到场情况，督促各裁判组准时组织比赛。

（2）掌握各项竞赛进程。在竞赛中如遇特殊情况（如狂风暴雨），比赛不能继续进行时，应与技术代表和竞委会负责人共同研究停赛或继续比赛的时间。

（3）总裁判长的席位一般设在能够全面观察比赛情况的地方。对有可能发生问题的项目和地点，应亲临现场或多加注意，以便发现问题，及时处理。

（4）根据规则解决竞赛中各种疑难问题。遇裁判员的意见不一致时，应认真了解情况，并根据规则精神妥善解决。

（5）每天比赛结束后，应召集裁判长或根据需要召开有主裁判参加的会议，及时了解当天的比赛情况及存在问题，提出解决的办法和应采取的措施。如遇特殊情况，可随时召开有关人员参加的会议，研究和解决问题。

3. 赛后工作

（1）比赛结束后，宣布比赛成绩。

（2）领导全体裁判员做好总结工作。

（3）做好善后工作，如有关资料入档等。

(二) 副总裁判长职责

副总裁判长协助总裁判长组织、领导裁判工作，保证裁判工作的顺利进行。副总裁判长的职责具体如下。

(1) 在总裁判长缺席时，指定一名副总裁判长代理其职务或受其委托处理有关事宜。

(2) 根据总裁判长建议，分工领导赛前和赛后控制中心、径赛、田赛、全能和公路竞赛及场地器材组的工作，但不能取代裁判长的工作。

(3) 检查各种通讯设备情况，及时了解所分管的各裁判组的情况，督促检在他们的工作[1]。

(4) 比赛中深入现场，发现问题及时与有关裁判长或主裁判研究解决，解决不了时要及时报告总裁判长研究解决。

(5) 组织协调和维持内场比赛秩序，检查各比赛项目的安全措施。

(6) 负责裁判组的生活安排。

四、赛前与赛后控制中心工作

赛前与赛后控制中心工作包括赛前控制中心和赛后控制中心。

(一) 赛前控制中心

赛前控制中心的工作包括任务和工作方法。

1. 任务

按竞赛日程排定的各项比赛的时间和技术手册规定的各项检录时间，召集运动员到赛前控制中心进行检录。按规则规定，对运动员做好各项检查工作，准时把运动员带到比赛场地交该项主裁判控制。

2. 工作方法

(1) 全体检录人员在主裁判领导下，每单元提前 1 小时到达赛前控制中心，做好各项准备工作，布置单元竞赛检录任务，分发径赛检录表、小号码布。各检录组根据分工进入岗位，做好准备，投入工作。

(2) 广播员于检录前 10min 预告单元比赛项目、检录时间、比赛时间。待信息播出后，检录时间显示操作员及时配合显示项目检录信息。一

---

[1] 王兴林. 田径运动概论 [M]. 北京：科学出版社，2009.

般检录时间如表 4-2-1 所示。全能项目检录时间每天第一项与径赛、田赛相同，其他项目根据间隔休息时间决定。

（3）检录开始的信号发出后，入口检查员开始检查该项参赛运动员的证件、号码并做好检查记录。

（4）运动员进入检录指定点后，检录组应按事先的分工，分别检查各组别、组数运动员的号码、服装、比赛鞋、包内物品、广告等是否符合规则规定，然后分发道次小号码布。各项工作就绪，由计算机终端操作员打印六份检录表，一份留存，其他送有关裁判。如无修改，计算机终端操作员调出该项、该组检录表，注明已检录的记号即可。

（5）检录员与计算机终端核对后，即按各项、各组进场时间召集运动员。两名检录员一前一后按规定时间和路线将运动员带到比赛场地。径赛检录表应分送给助理发令员、终点、计时、检查和宣告。

（6）田赛各项检录。赛前控制中心通知运动员到指定地点，由田赛各项管理裁判员和记录员具体执行。赛前控制中心、主裁判掌握时间，确定带进场时间和路线。管理裁判员应把检录情况报告赛前控制中心计算机终端操作员。

（7）全能项目的检录工作。每天第一项由赛前控制中心进行检录，后继项目由全能裁判员自行检录。

（8）接力项目的检录由主裁判指导各检录组执行。检录前要通知各参赛队教练员按规定时间送交棒次申报表，然后将单位各棒次的号码填入检录表及卡片。4×100 m 接力比赛的检录表要一式八份，分别送至接力区检查员和径赛有关裁判组。检录结束后报告主裁判与计算机终端，然后根据规定时间和路线，分别将 4×100 m 接力各棒运动员带到起点和各接力区，第一棒运动员交助理发令员，二、三、四棒运动员交接力区检查员。4×400 m 接力运动员带到 4×400 m 接力赛起点处，交助理发令员。

（二）赛后控制中心

赛后控制中心包括任务和工作方法。

1. 任务

组织比赛场上已比赛完项目的运动员退场，确保赛场的良好秩序，归还运动员的衣物等物品，将各项决赛获奖运动员带到发奖室，协助兴奋剂检查站和新闻中心做好运动员的管理工作。

2. 工作方法

（1）比赛开始后，物品归还组在赛后控制中心接受赛前控制中心裁判员和起点裁判员（或服务员）送来的不允许运动员带入场内的个人用品。

（2）当运动员到达终点后，终点管理组召集运动员进入赛后控制中心。

（3）比赛后，运动员凭道次号（或号码布）领取个人物品。

（4）被检查兴奋剂的运动员在通知单上签字后，由检查人员随同监督并交检测站工作人员。将获奖运动员带到发奖室交发奖组工作人员。安排运动员接受采访。

（5）田赛项目，由该项记录员将运动员送往赛后控制中心，工作方法同径赛。

五、径赛项目裁判工作

径赛项目裁判工作包括径赛裁判长职责和起点裁判工作。

（一）径赛裁判长职责

径赛裁判长在总裁判长领导下进行工作，负责径赛项目的裁判工作（包括发令、终点摄影计时、终点手计时、检查、风速测量、各裁判组的裁判工作及有关终端操作员的工作），保证径赛项目准时比赛。径赛裁判长职责具体如下。

（1）认真执行规则和规程中的各项规定，处理发生在比赛期间有关径赛的问题。

（2）处理有争议的问题。当裁判员对名次判定意见不一致时，有权决定最后名次。若对犯规运动员的录取资格及其他疑难问题无能力解决时，应签署意见报总裁判长解决。

（3）对有关竞赛的抗议做出裁决。

（4）对犯规或有不正当行为或违反体育道德的运动员进行判罚。若取消运动员比赛资格，应报总裁判长审定。警告使用黄牌，取消比赛资格使用红牌。

（5）认为某项比赛不公平时，有权宣布比赛无效，并作出重赛的决定。在做出决定前，应向总裁判长报告。

径赛裁判长（位于终点处）分管终点手计时、终点摄影计时、风速测量、径赛记录员的工作，审核径赛成绩并签字。若设两名径赛裁判长，则另一名径赛裁判长（位于场内）分管发令、检查组的工作和处理运动员犯规问题。

（二）起点裁判工作

起点裁判工作的内容包括任务和工作方法。

1. 任务

根据田径竞赛规则的有关规定和竞赛规程及现场指挥中心规定的工作程序，组织各项径赛运动员按时进行比赛。

2. 工作方法

（1）发令员在赛前必须组织学习规程和规则，进行详细分工，研究工作方法，组织现场实习，检查及熟悉场地、起点位置和器材情况等。

（2）助理发令员在赛前10min时从引导员处接收运动员，并核实运动员参赛号码、道次号、道次，组织运动员安装起跑器和进行练习。

（3）赛前3min，助理发令员通知运动员停止练习，脱去衣服，站在起跑线后各自的道次集合线上候令。

（4）赛前2 min，指挥中心发出比赛即将开始的信号，显示屏上显示本组各道次运动员的检录表，同时，宣告员介绍运动员。

（5）宣告员介绍运动员完毕，起点工作人员用对讲机向终点摄影计时室报告即将发令，计时器回零。发令员看到感应指示灯立即发出"各就位"的口令。此时助理发令员要认真检查运动员的"各就位"动作，待动作符合规则时，即举手（或举白旗）示意，发令员则可以发出"预备"口令。待运动员完全稳定后才能鸣枪。

（6）发令员的口令要清晰洪亮，"各就位"口令要长一些，"预备"口令要平稳短促。

"预备"到鸣枪应以运动员身体稳定为准。举枪时应举到烟屏中央稍下一点，鸣枪稍停片刻再放下。发现运动员犯规，立即鸣枪召回。

（7）发令员位置的选择。①直线起跑发令时（100 m、100 m栏、110m栏），发令员、召回发令员、助理发令员的位置（图4-2-1）。②梯形起跑发令时（200 m、400 m、800 m、4×100 m接力、4×400 m接力、400 m栏），发令员、召回发令员、助理发令员位置（图4-2-2）。③弧形起跑发令时（1500 m、3000 m、5000 m、10000 m），发令员、召回发令员、助理发令员的位置（图4-2-3）。

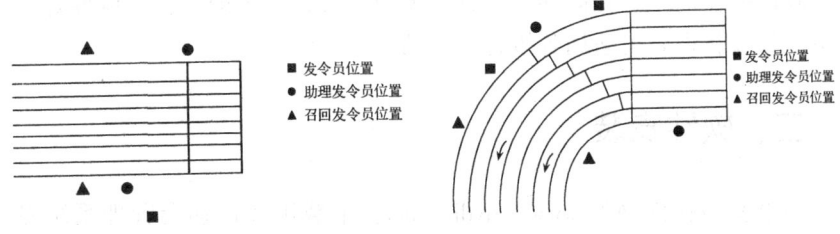

图 4-2-1　直道起跑裁判员位置图　　图 4-2-2　弯道起跑裁判员位置图

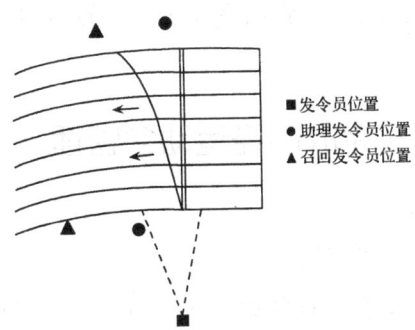

图 4-2-3　弧形起跑裁判员位置图

第三节　田径运动竞赛的编排系统

田径运动会是最普及的运动会，而其编排工作是所有运动会中最繁杂的。通过利用计算机系统的帮助进行编排，就可以使编排工作变得简单高效。文骁软件从 1996 年开始致力于这项研究，历时十余年几千届各级各类运动会的实践完善，打造了《田径运动会管理系统》软件。

一、软件功能及特点

软件实现了田径运动会全程计算机管理，网上报名、自动分组编排、生成秩序册，WORD 文档、打印各类比赛用表、成绩录入、自动排名、录取下赛次运动员、下赛次自动编排并出检录表、全能自动查分并计算全能总分，自动判破平纪录、判等级运动员，自动计算得分、统计总分及总分排名，自动生成每天成绩册、总成绩册。豪华版可与电动计时无缝连接并实现比赛现场计算机管理。

软件操作简单,在向导的带领下无须学习,上手即会;适应性好,通过灵活的规程设置可适用各级各类运动会。

二、软件安装

登录文骁软件网站 www. tjydh. net,下载田径运动会管理系统专业版(或其他版本),解压出 tjydhz2007. Exe,双击安装,点"下一步"直到完成并启动软件,输入自己所在单位的名称及自己的姓名后确定,弹出注册窗口,点"以后注册",弹出登录窗口,输入登录密码(00000000)进入主界面。

三、使用向导完成田径运动会管理

1. 向导①：新建运动会

这是开始一届运动会管理的第一步,启动后弹出如图4-3-1所示的窗口。

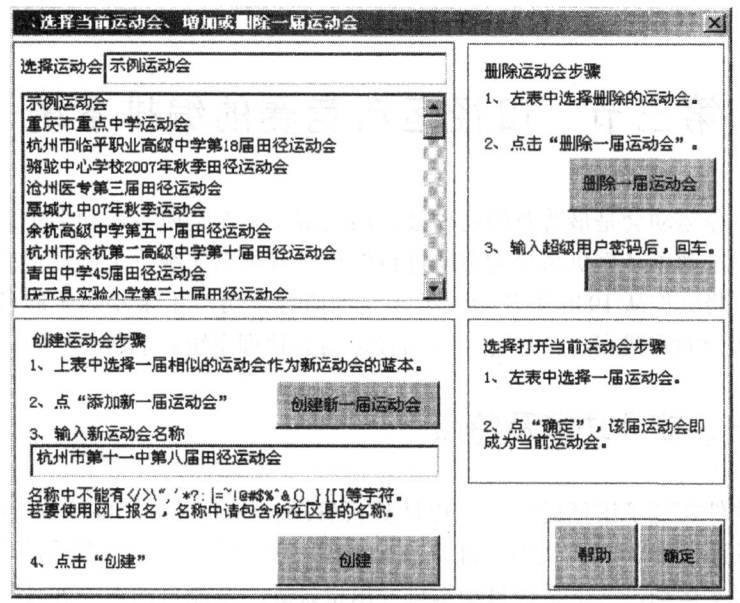

图4-3-1 新建运动会

点击"创建新一届运动会",输入新运动会的名称,点击"创建"后系统将自动创建好新运动会,确定后新建的运动会即成为当前操作的运动会。本窗口还有另外两个功能,删除一届运动会和切换当前运动会。

2. 向导②:规程设置向导

正确设置规程是一届运动会管理的关键。

(1)打开后首先出现欢迎窗口,点击"下一步"出现如图4-3-2所示窗口,设置有关比赛场地的参数及比赛时间参数,设置计时方式。

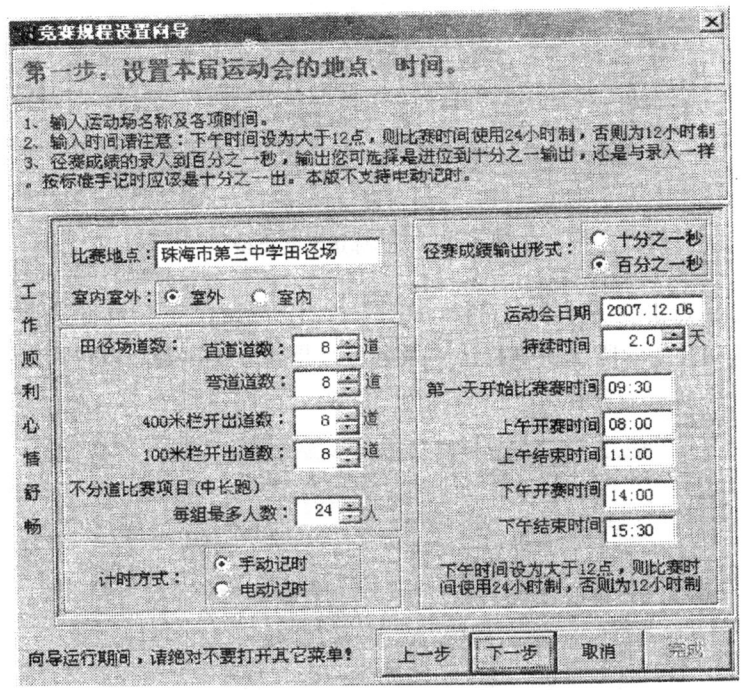

图4-3-2 规程设置向导

(2)点击"下一步"后进入选择运动会类型窗口(图4-3-3),设置方法有些不同,所以向导后面的窗口也有些不同,这里我们选择"中小学校校运动会"类型。

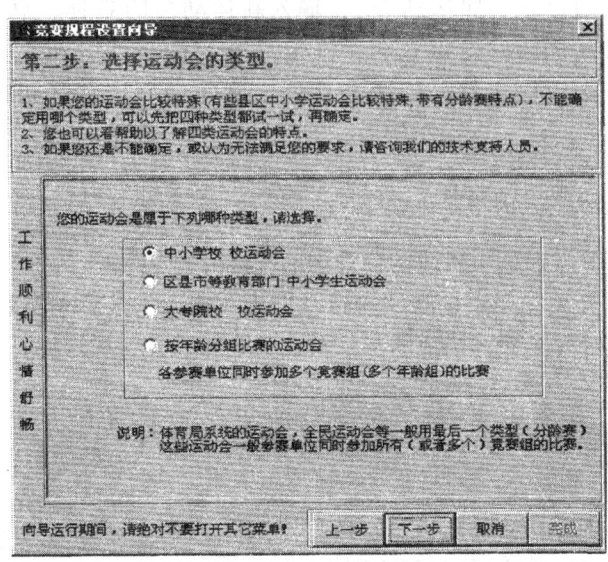

图 4-3-3 选择运动会类型

（3）点击"下一步"，进入如图 4-3-4 所示的窗口，在此选择好参加本届运动会的学段（有则打钩）及各年级是否分组比赛。以选择初中、分年级组（县三个竞赛组，初一、初二、初三）比赛为例。

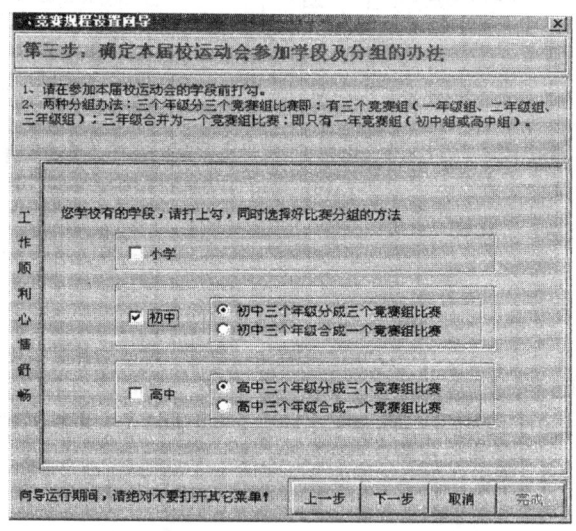

图 4-3-4 确定本届校运动会参加学段及分组办法

（4）点击"下一步"，设置初中三个年级参赛的班级数（中小学以班级为单位参赛），每个年级组中是否有男女混合的比赛项目（如初一有，则会设置初一男女混合组），同时可设置学校教职工参加比赛的分组情况。这里设置初一、二、三均8个班，其中初一有男女混合项目，教职工这里设置没有（图4-3-5）。

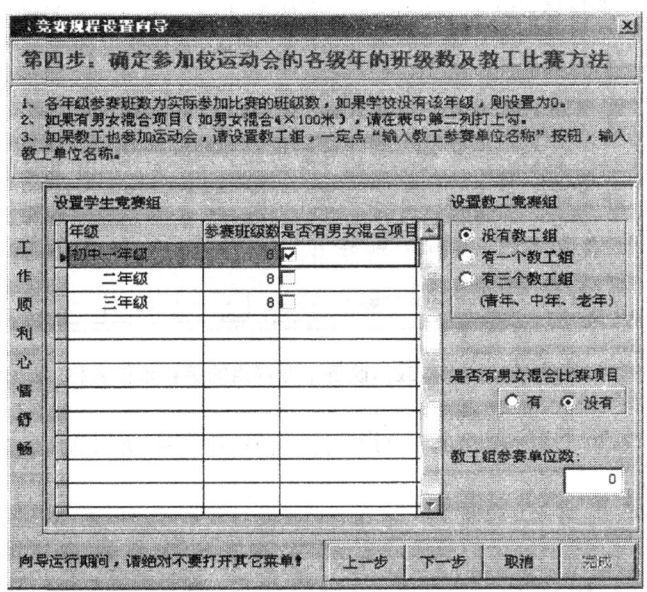

图4-3-5　确定参加校运动会的各级年的班级及教工比赛方法

（5）点击"下一步"，进入各竞赛组参赛单位设置，如图4-3-6所示。由于中小学校的班级名称通常一样，所以系统做了自动设置，如果认可系统设置的班级名称，直接点"下一步"，直到进入设置各竞赛组参赛项目窗口。如果不认可（如职高，其班级名称不一样）、修改单位（班级）名称，直到所有竞赛组（初一、二、三）的参赛单位（班级）名称全部修改正确。

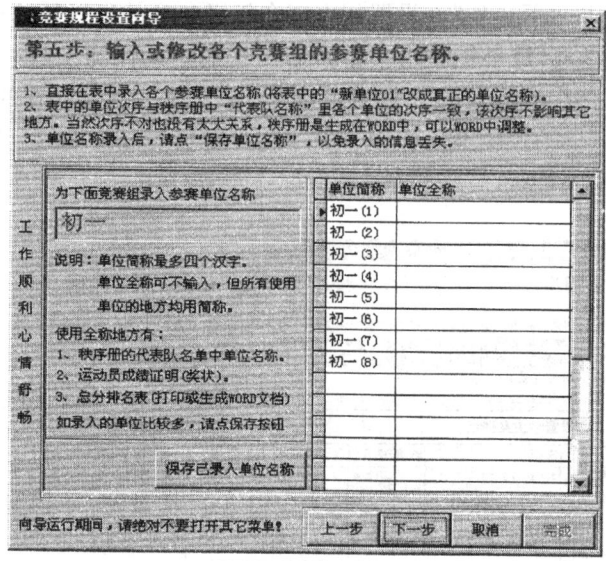

图 4-3-6　输入或修改各个竞赛组的参赛单位名称

（6）点击"下一步"打开设置各竞赛组参赛项目窗口，界面如图 4-3-7 所示。

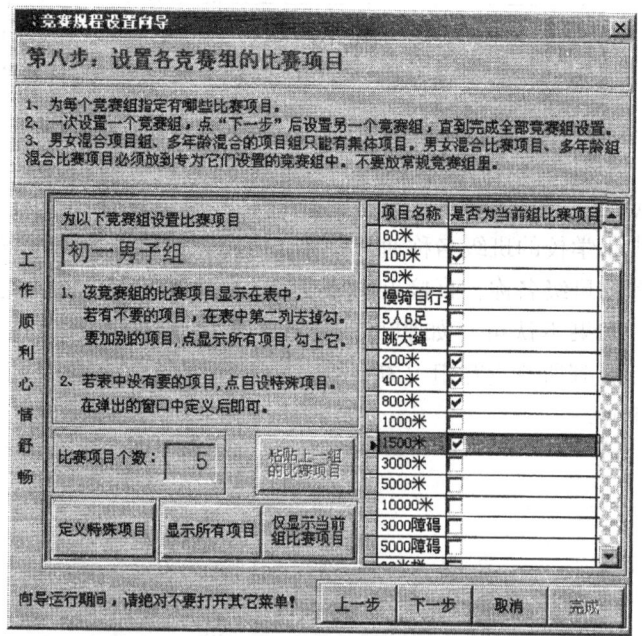

图 4-3-7　设置各竞赛组的比赛项目

在右边的备选项目列表里，需要的项目打上钩。

如果找不到需要的项目，点定义特殊项目，会弹出项目定义窗口，如图 4-3-8 所示。定义过程：点"定义新项目"，输入项目名称，选择项目类别径赛或田赛，选择相似标准项目，点添加后定义完成。注意，在选择相似标准项目时要特别注意：径赛直道项目选 60m、100 m，比慢项目选慢骑自行车，过弯短跑项目选 200 m、400 m，中长跑选 800 m、1500 m，跨栏直道选 100 米栏、110 米栏，跨栏过弯选 200 m、400 米栏，集体项目选择 4×l00 m，迎面来回接力项目选 25×50m，田赛的高度项目选择跳高，远度跳跃项目选跳远，远度投掷项目选铅球，计数项目选跳绳。

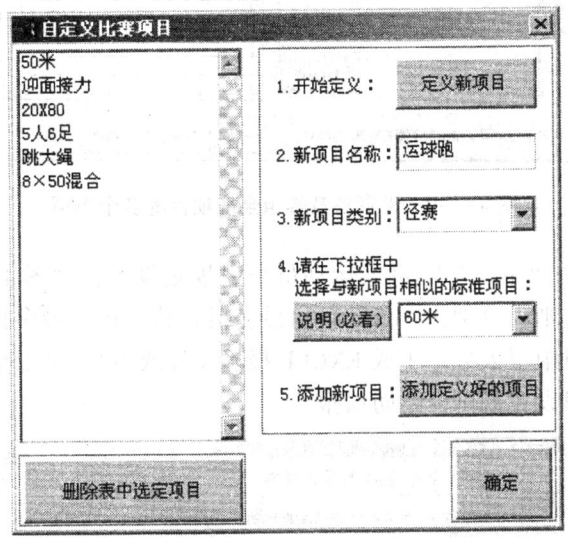

图 4-3-8　自定义比赛项目

（7）点击"下一步"后进入第二个竞赛组（初一女子组）的参赛项目设置，如果与上一组的比赛项目相同，可点"粘贴一组的比赛项目"，否则在备选项目列表中勾选。如此直到所有竞赛组的参赛项目设置完成。

（8）点击"下一步"进入全能单项设置，界面如图 4-3-9 所示。在此设置各个全能项目有哪些单项，可以是标准的单项，也可更改为其他单项。完成后点下一步，直到所有全能项目的单项设置好。

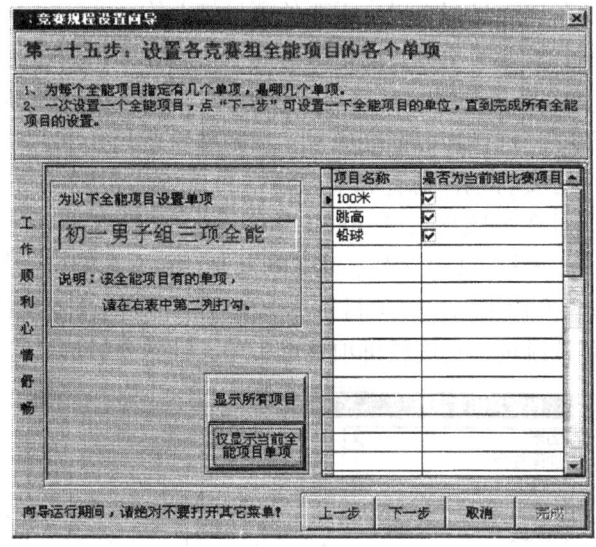

图 4-3-9 设置各竞赛组全能项目的各个单项

（9）点击"下一步"进入运动员报名规则设置，如图 4-3-10 所示。有三个报名规则，分别为：每个项目最多报名数、每人最多报项目数、同单位每个项目限报人数。生成 EXCEL 报名文件或 WEB 网上报名系统中将自动包含这里设置规则，以防误报。

4-3-10 设置运动员报名规则

(10) 点击"下一步"后设置名次录取办法（图4-3-11）。设置很简单，但务必设置正确，这些数据如果有错，直接关系到生成的秩序册是否确定，比赛过程中录取的名次是否正确。

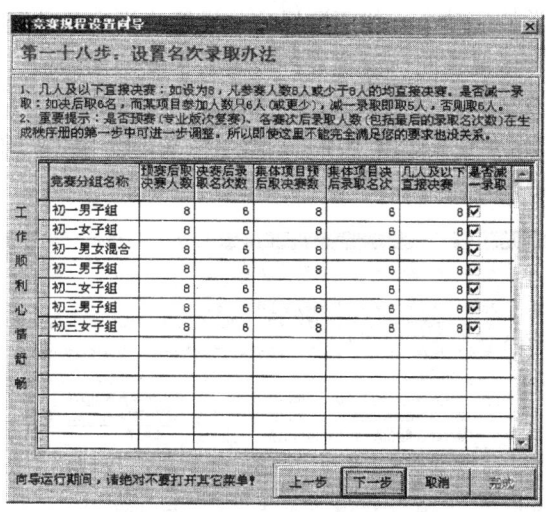

图4-3-11 设置名次录取办法

(11) 点击"下一步"设置分组编排办法及下次赛录取办法（图4-3-12）。一般中小学校运动会选取默认设置即可，高级别的运动会需要更改某些设置。

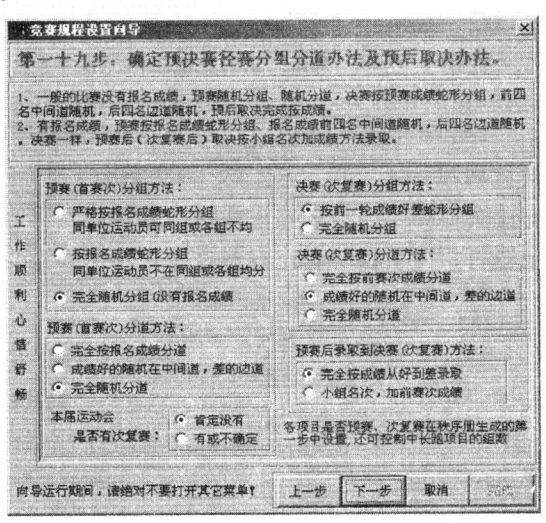

图4-3-12 确定预决赛径赛分组分道办法及预后取决办法

（12）点击"下一步"设置纪录名称及破平纪录加分（图4-3-13）。从低到高可以设置三级纪录，一般中小学运动会，第一级为"校纪录"，第二级为"县纪录"或"区纪录"，第三级用不上可不用设置。设置风速相关性，中小学校运动会一般不测风速，设置为没有风速要求。器材相关性，一般设置为全部相同。设置好各级破平纪录的加分值。注意：按规则破平纪录除了看成绩以外，风速相关项目（200 m以下径赛项圈、跳远）要求风速不超2m/s，器材相关项目（跨栏、铅球、铁饼、标枪等）必须与纪录成绩取得的比赛器材一样。

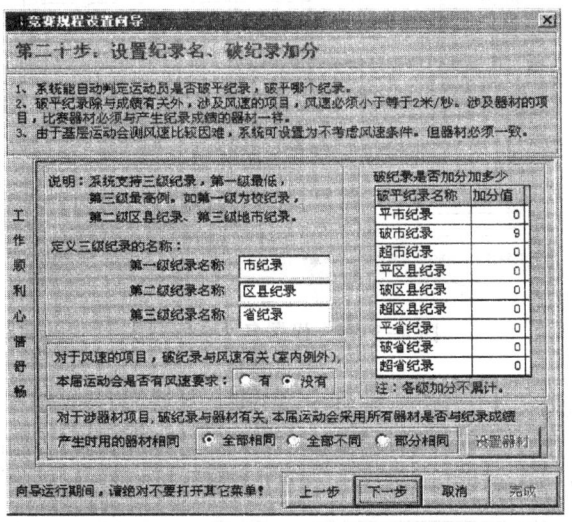

图4-3-13 设置纪录名、破纪录加分

（13）点击"下一步"进入等级运动员判定相关设置（图4-3-14）。这里设置为需要自动判等级，起为判二级（即二级以下不判）。器材相关项目，只有所有比赛器材与达等级要求器材一致才能判等级，所以这里设置好本届运动会器材相关项目所有比赛器材是否与达等级要求器材一样。

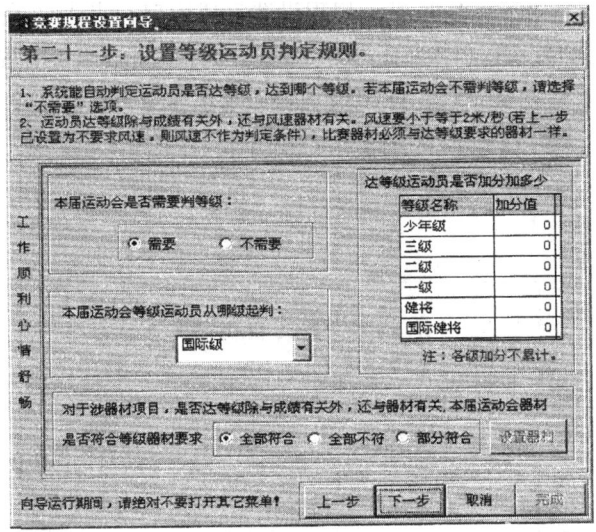

图 4-3-14 设置等级运动员判定规则

(14) 点击"下一步"进入计分方案设置界面，如图 4-3-15 所示。按竞赛组设置采用的计分分制，常用的有七分制和九分制。有些中小学运动会可能会不一样，需要自定义分制，这里提供最多三种自定义分制，定义好各个名次下的得分值。然后在各竞赛组中选取相应的自定义分制。全能加 2 倍计分意思为正常得分再乘 2，集体项目也一样。

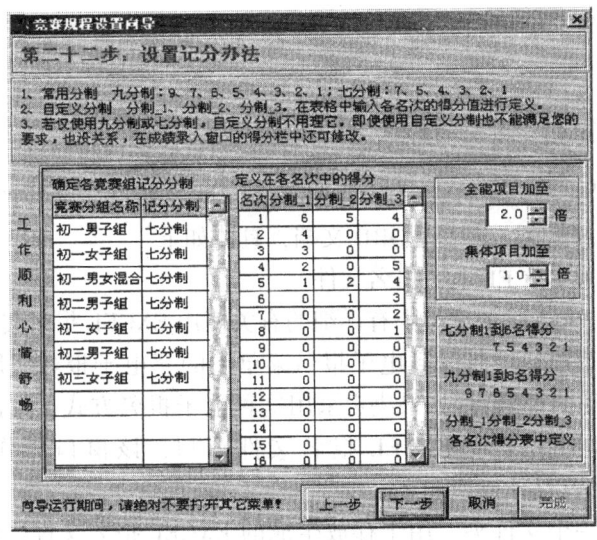

图 4-3-15 设置记分办法

(15) 点击"下一步"进入规程设置完成窗口,点击"完成"系统保存前面所做全部设置(图4-3-16)。至此已将本届运动会的规程告诉给了系统,完成了运动会管理工作中最复杂也是最重要的工作。

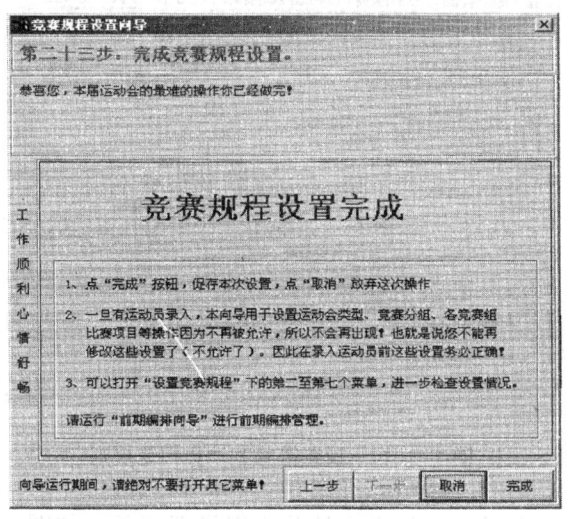

图4-3-16 完成竞赛规程设置

注意:规程设置向导最理想一次全部设置正确,如果需要对某些设置进行更改最好到"设置竞赛规程"菜单下各个子菜单中去修改,向导中的所有功能在菜单中均可实现。向导所做设置均会反映在菜单中,相反菜单做的设置有些不能反映到向导中,在菜单中看到的设置结果为最终设置结果。

3. 向导③:前期编排向导

这个向导完成运动会所有前期工作,即从报名开始到生成秩序册WORD文档、比赛、用表WORD文档,具体如下。

(1) 生成EXCEL电子报名文件

如图4-3-17所示窗口中有详细的有关使用EXCEL报名文件进行报名的说明(在菜单栏中打开到电子报名菜单下的"电子报名使用说明"菜单,有更详细的说明)。如果决定采用这种电子报名方式,点击"生成报名文件"即弹出生成EXCEL报名文件窗口,该窗口操作步骤如下(图4-3-18),具体操作如下。

①选取一个文件夹,用于存放生成的EXCEL报名文件,你可以预先在计算机D盘或E盘中创建一个文件夹,然后再点"获取"选取,当然

也可不操作，直接使用系统默认的 c：\，那生成的报名文件将在 C 盘的根目录中。注意一点：不要选择本件的安装目录。

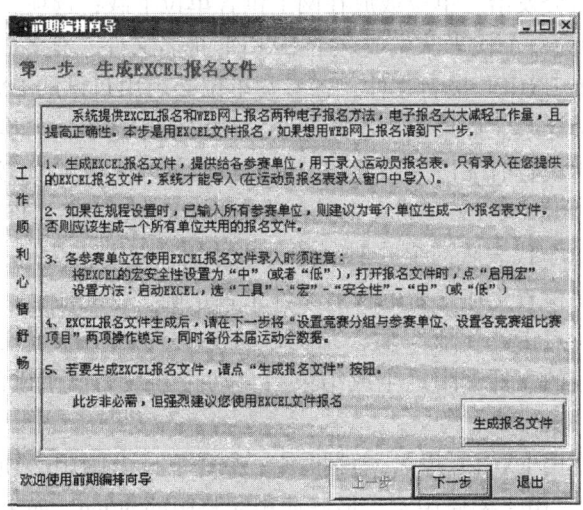

图 4-3-17　生成 Excel 报名文件

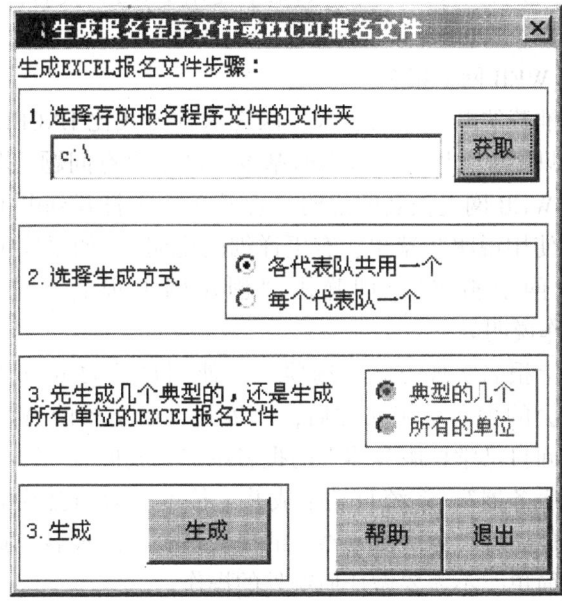

图 4-3-18　生成报名程序文件或 Excel 报名文件

②此步有两个选项。选项一"各代表队共用一个",是指导所有参赛单位使用同一个 EXCEL 报名文件进行报名,生成后只有一个 EXCEL 报名文件,复制后分发给各单位或放在网上供各单位下载;选项二"每个代表队一个",即为每个代表队生成一个 EXCEL 报名文件,有多少个参赛单位就会有多少个 EXCEL 报名文件,各参赛单位必须用自己的 EXCEL 文件报名,才能正确导入。如果是中小运动会,建议使用选项二。有些运动会参赛单位在规程设置时无法完全确定,此时用"选项一"会比较方便。

③生成"几个典型"还是"所有单位的 EXCEL 报名文件"。只有第2步时选择"每个代表队一个"时,这一步才需要进行。生成"几个典型"的目的是方便检查生成出来的报名文件是否正确,仅此而已。

④生成。点击"生成"后,系统自动生成 EXCEL 报名文件,并存放在第1步选定的文件夹中。生成结束后自动打开最后已生成的 EXCEL 报名文件。

注意:使用 EXCEL 报名文件报名,参赛单位电脑中必须安装有微软的 office 软件,由于要使用宏,最好使用完整版的 office。如果打开 EXCEL 报名文件后,无法启用宏或者双击报名,不能打上钩,原因可能是 office 版本不对(简版,需要删除重新安装完整 office)或者是电脑有病毒,即生成的 EXCEL 报名文件已中毒。如果不使用 EXCEL 报名,则跳过此步,直接点击下一步。

(2) 创建 WEB 网上报名

这是我们推荐的电子报名方式,因为这种方式比 EXCEL 报名操作简单,参赛单位只要能上网,在报名时基本上就不会有问题。图 4-3-19 所示窗口中写有 WEB 网上报名的说明(在菜单栏中打开到电子报名菜单下的"电子报名使用说明"菜单,有更详细的说明),如果决定采用电子报名,点"创建网上报名",即弹出"创建网上报名系统"窗口(图4-3-20),操作说明如下。

①选择网上报名实现方式。选项一"使用自己的 WEB 服务器",即生成本届运动会的报名系统文件后,上传到自己学校的 WEB 服务器上,各参赛单位访问自己学校服务器上的报名系统完成报名。选项二"使用我们提供的免费服务器",系统自动生成并上传本届运动会数据到免费服务器中,参赛单位访问该免费服务器上的报名系统完成报名。我们推荐选项二,因为实现简单,不需要做任何额外的操作。

②选择存放 WEB 报名系统文件的文件夹。如果第1步选择选项二,则此步不用进行。

图 4-3-19 电子报名_ 创建 WEB 网上报名

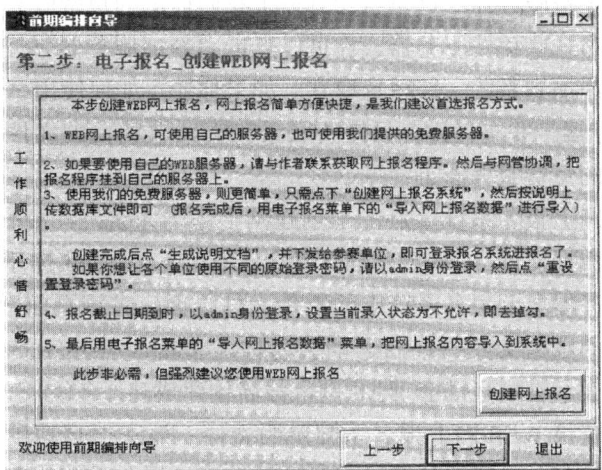

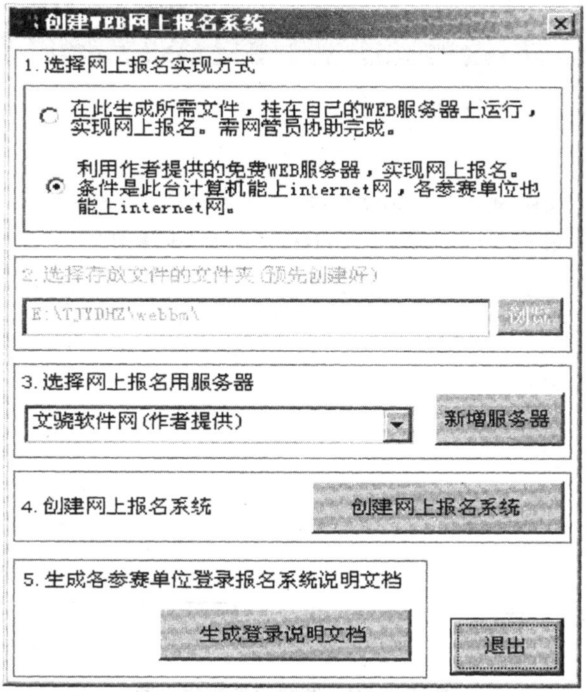

图 4-3-20 创建 WEB 网上报名系统

③选择免费服务器。这里至少有一个我们提供的免费服务器，以后我们网上会公布一些免费服务器，你可以点击"新增服务器"按钮，把新的免费服务器添加到系统，然后选取它。如果你懂得如何使用 WEB 服务器，有 WEB 服务器，并有兴趣，只需要联系我们索取相关的文件，就可以自己创建这样的免费服务器了。

④创建网上报名系统。点击"创建网上报名系统"，系统自动生成本届运动会的数据文件（web\本届运动会名称.mdb），并打开第3步中选择的免费服务器上的报名系统中的上传文件页面，在该页面中点"浏览"选取刚生成的数据文件"本届运动会名称.Mdb"，点击上传，弹出上传成功页面即表示本届运动会 WEB 网上报名创建成功。

⑤生成登录 WEB 网上报名系统说明文档。该文档自动生成，文档中说明了管理员及各参赛单位登录本届运动会网上报名系统的方法，即报名系统地址（该地址输入 IE 浏览器地址栏）、本届运动会名称、用户名、密码。将该文档连同运动会规程下发参赛单位，即可完成网上报名工作。

（3）锁定重要规程

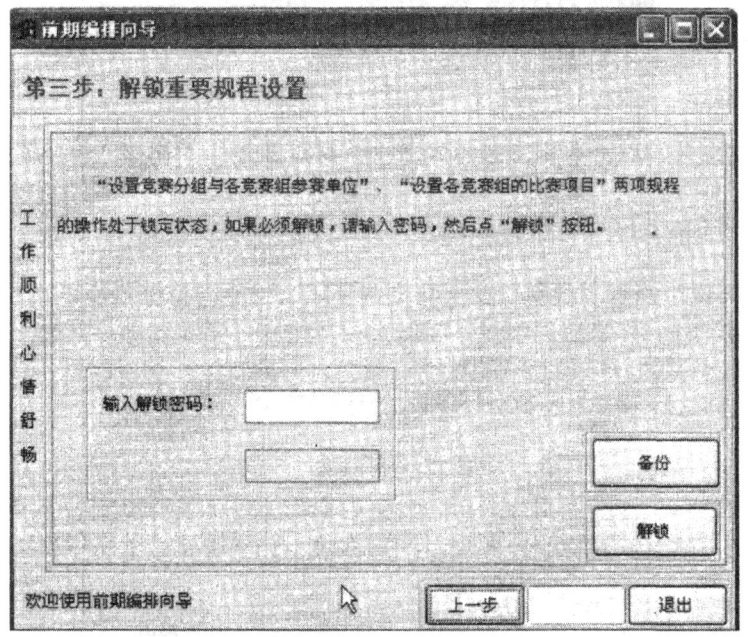

图 4-3-21　解锁重要规程设置

电子报名生成后，重要规程不可再更改，否则可能造成电子报名数据无法导入系统，因此需要锁定这些重要规程的操作窗口。输入两次密码后，点锁定即可。如果已处于锁定状态，则本窗口显示为解锁界面，输入密码，点解锁即可解除锁定，重要规程操作窗口可以重新打开（图 4-3-21）。

(4) 设置大会工作岗位，输入各岗位工作人员

点击"录入工作人员"后弹出大会工作岗位设置窗口（图 4-3-22），系统预设了比较齐全的岗位，不够可以添加，但有一点要注意系统预设岗位尽量不要删除，生成秩序册 WORD 文档后，在 WORD 文档里删除即可。当然也可以不在此输入，而直接输入到 WORD 文档中，如此直接点下一步。

(5) 录入纪录成绩

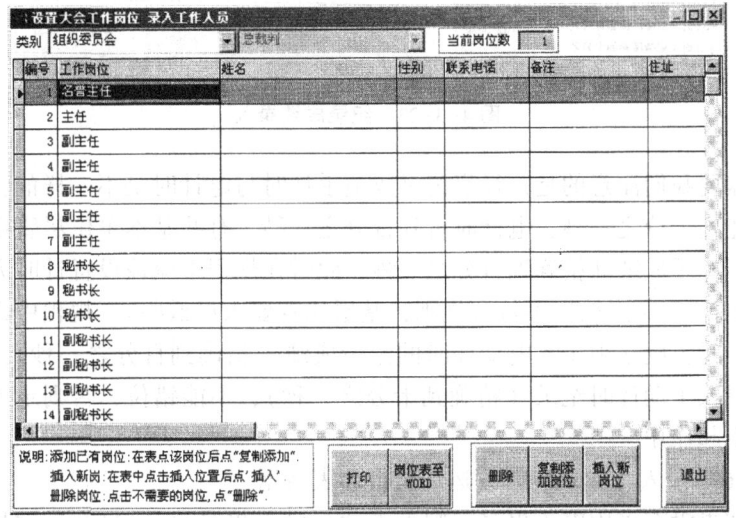

图 4-3-22 设置大会工作岗位录入人员

纪录成绩录入后，会生成在秩序册中，打印在检录表上，同时系统依此自动判破平纪录：点击"录入纪录成绩"，打开纪录成绩录入窗口（图 4-3-23），输入各级纪录成绩。如果有纪录成绩相同的竞赛组，用窗口下面相应的复制粘贴按钮可以复制纪录成绩，不用重复输入。当然可以不录入纪录成绩，但无论是否需要录入，至少要点一次"录入纪录成绩"，打开一次纪录成绩录入窗口。

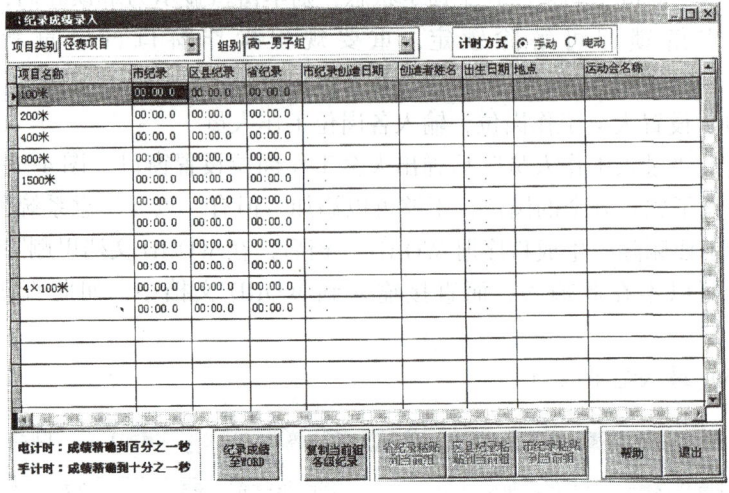

图 4-3-23　纪录成绩录入

需要我们注意的是，径赛纪录成绩手计时与电计时是不一样的，手计时只能到十分之一秒，电计时可到百分之一秒。有些基本单位尽管用手计时，但纪录成绩却精确到百分之一秒，此时在规程中应该设置计时方式为"电动计时"（当然这不符合规则，基层比赛要求可低些）。规程中设置为电动计时，则必须录入电动计时的纪录成绩（精确到百分之一秒），否则必须录入手动计时纪录（精确到十分之一秒），不能错位，否则录入纪录成绩不起作用。

（6）录入、导入、修改运动员报名表数据

如果没有采用电子报名，则点击"运动员报名表"，打开运动员报名录入窗口（图 4-3-24），依纸质报名表，切换到相应的单位、竞赛组，点击"添加运动员"可逐个录入运动员及报名项目。

如果采用 EXCEL 电子报名，将参赛单位上报名的 EXCEL 报名文件，存放到一个文件夹中，则点击"运动员报名表"，再打开运动员报名录入窗口，点击"EXCEL 报名表导入"，找到要导入的 EXCEL 报名文件后，即可将该报名文件中的报名数据导入，点一次导入一个参赛单位的报名文件。右击"EXCEL 报名表导入"，可将同一个文件夹中的所有 EXCEL 报名文件一次性导入。

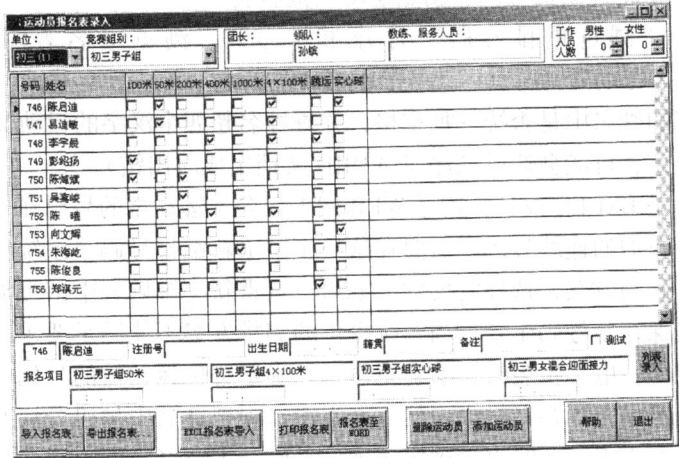

图 4-3-24　运动员报名表录入

如果采用 WEB 网上报名，则点击"导入网上报名数据"，在弹出的窗口（图 4-3-25）中依据创建网上报名系统方式做好正确选择，点击"导入"后即可将所有报名数据导入到系统。

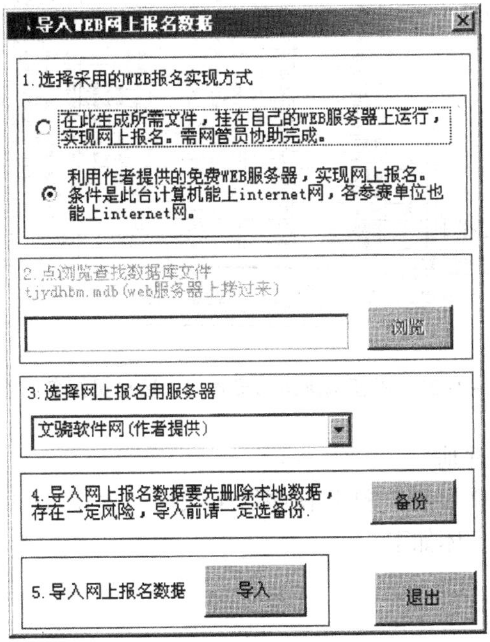

图 4-3-25　导入 WEB 网上报名数据

— 111 —

(7) 重排运动员号码、浏览运动员报名表

点击"浏览重排号码"打开重排号码、浏览报名表窗口（图4-3-26）。可以浏览所有运动员的报名情况，点"统一姓名格式"可以统一两个字的姓名中是否统一加空格，并查姓名超四个汉字的运动员（姓名超四个汉字，可能会造成秩序册WORD文档生成时出错）。

无论是EXCEL报名，还是WEB网上报名，运动员的号码在导入时是系统自动添加的连续号码，需要在这一步中重新编排号码。系统给出了多种编排号码的方案，选择需要的方案后，点重新编排后表中即可显示新的号码，点保存新号码生效。当系统提供的编排方案不能满足要求时，解决的办法如下：电子报名时，参赛单位自己确定每位运动员的号码，将号码与姓名同时录入到姓名栏中，然后在本窗口中把姓名中号码分离开；纸质报名时，在手工录入时直接确定正确的号码，本窗口中就不需对号码进行操作了。

4-3-26 重新编排运动员号码、运动员报名浏览

(8) 生成秩序册

点击"生成秩序册"打开秩序册生成窗口（图4-3-27），按下面的步骤依次运行，具体如下。

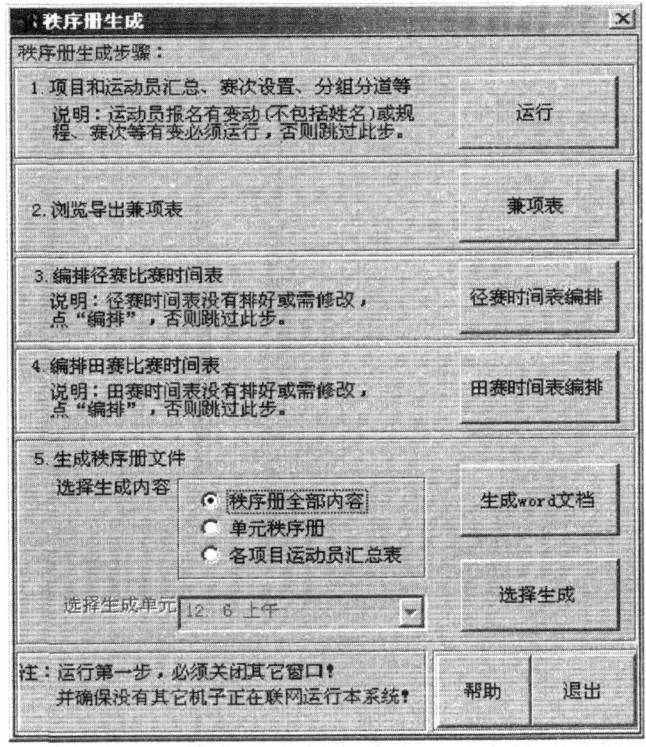

图 4-3-27 秩序册生成

①项目汇总、分组编排。这步必须运行,否则下面的步骤不能操作。注意,如果秩序册 WORD 文档已经生成,且印刷,则这一步绝对不能再运行。在秩序册没有印刷前,这一步可任意运行,但只有出现运动员的报名项目有变更、规程有变更,赛次需要重新设置、某些项目比赛方式要更改等情况时才有必要运行,否则运行一次便可。

运行这一步时会弹出赛次设置窗口,这里可以决定径赛项目是否需要预赛、次赛、复赛,田赛项目是否需要及格赛(图 4-3-28),400 m、800 m 等项目是否分道比赛,中长跑项目每组最多人数(以此决赛分几组比赛),检查设置每个项目的最后录取名次,预赛录取到决赛人数或录取到次复赛的人数。该窗口中的设置非常重要,务必正确设置。

图 4-3-28 设置赛次及预决赛后录取人数

②浏览兼项表。点击"兼项表"后弹出兼项统计表如图4-3-29所示窗口,详细列表所有竞赛组所有项目兼项情况,以便编排比赛时间时参考。

图 4-3-29 兼荐统计表

③编排径赛比赛时间表。点击"编排"后打开径赛比赛时间编排窗口(图4-3-30),右边列表中显示待编排的项目,左边表中显示已排到当前比赛单元中的比赛项目。点"操作演示"会告诉你如何编排比赛时间。径

赛比赛时间表的编排并不要求一次成功,可以反复打开该窗口进行编排。

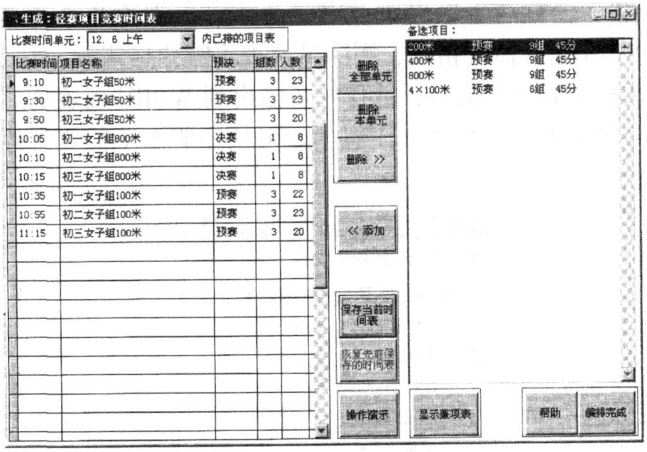

图 4-3-30　径赛项目竞赛时间表

④编排田赛比赛时间。点击"编排"后打开田赛比赛时间编排窗口（图 4-3-31），该窗口有三页,第一页面为手工编排；第二页面为自动编排（自动编排的时间会跟着径赛比赛时间走,并避开兼项）,自动编排有时不能编排好所有的项目,此时可降低编排条件再重新自动编排,如果条件降到最低仍项目编排不出,必须手工确定；第三页面为设置裁判组的裁判项目,自动编排是按裁判组进行的,要让系统自动编排,必须设置好裁判组及每个裁判组的裁判项目。

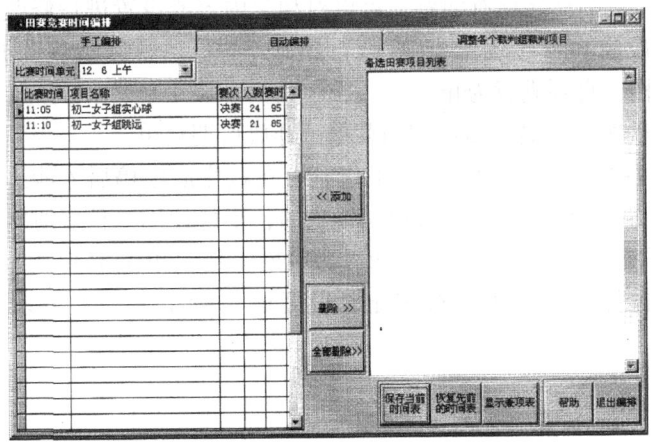

图 4-3-31　田赛竞赛时间编排

⑤生成秩序册 WORD。文档（图 4-3-32）。点击"生成秩序册 WORD 文档"，会自动生成出所有内容，且代表队名单会生成三种格式（请在 WORD 中选择需要格式，删除另两种不需要格式）。点击"选择生成"弹出选择生成内容窗口，选择好要输出到 WORD 内容后，点生成即可将选中内容输出至 WORD。注意，如果秩序册中不需要号码，必须用"选择生成"。

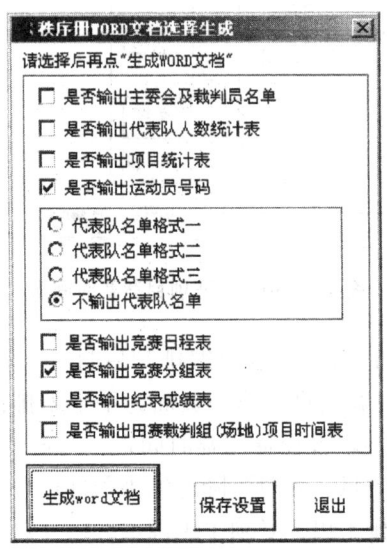

图 4-3-32　秩序册 word 文档选择生成

如果生成的秩序册有问题，可以对相关内容或设置进行修改，再打开秩序册生成窗口，按需要任意运行第 1~4 步，然后重新生成秩序册 WORD 文档，直到满意为止。

(9) 秩序册定稿，锁定前期菜单，开放后期菜单

如图 4-3-33 所示的是后期工作只有在秩序册定稿后才能进行，所以在秩序册没定稿前后期工作菜单是锁定的，不能使用。秩序册定稿后，点"锁定"输入两次密码，锁定成功后，后期工作菜单全部开放，同时前期中不允许再操作的菜单则被锁定。设置此步骤主要是为了系统数据的安全。

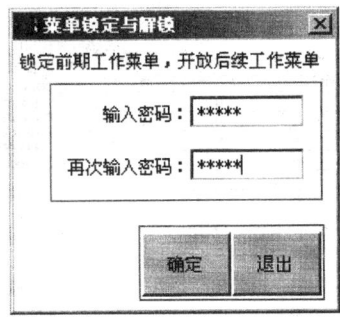

图 4-3-33　菜单锁定与解锁

（10）输出比赛用表

点击"比赛用表",打开打印比赛用表窗口（图 4-3-34）,在此可以直接打印所有项目的检录表、径赛卡或输出到 WORD 后再打印。如果需要打印其他的空白表格,请到系统工具菜单下的"常用文档"菜单。

图 4-3-34　打印比赛专用表

（11）修改成绩证书

系统可以自动打印成绩证书（奖状）,并提供了 3 种格式的证书（图 4-3-35）,在此需要选择使用哪一种格式。如果是采用 WORD 邮件合并格式,则可能需要对 WORD 模板文件进行修改,以满足你的要求,但修改邮件合并 WORD 模板文件有一定的难度,最好请计算机专业人士帮助。

图 4-3-35　修改成绩证书

(12) 打印工作人员证和运动员证

如果要，在此步中可以让系统自动打印出工作人员证和运动员证（图 4-3-36）。

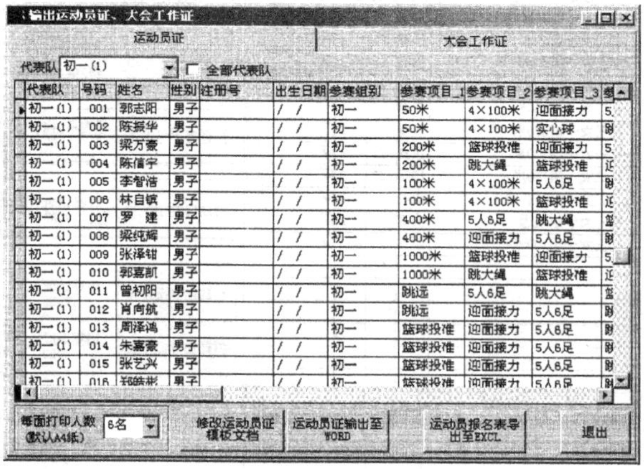

图 4-3-36　打印工作人员证和运动员证

本向导完成，所有前期编排工作结束。

4. 向导④：赛前准备向导

(1) 恢复运动会数据比赛时可以是任一台电脑

这就有一个运动会数据从前期编排电脑转到比赛用电脑的问题。此步就是完成这个工作。具体操作方法窗口（图 4-3-37）中已有详细说明。

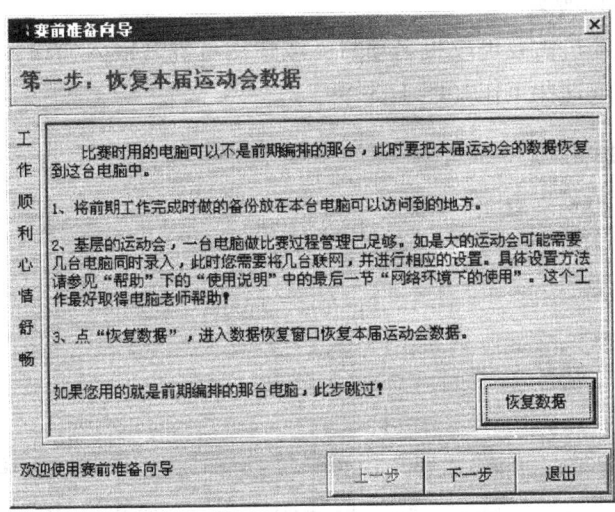

图 4-3-37　赛前准备向导

（2）录入未报到运动员

有些运动员因各种原因不能来比赛，可以在这里集体管理这些运动员。点击"未报到运动员"，弹出未报到运动员管理窗口（图 4-3-38），在这个窗口中添加好所有未报到的运动员，然后可用两种方式处理这些运动员，第一是删除这些运动员，第二是在这些运动员的备栏中加上请假等标记。

图 4-3-38　录入未报到运动员

（3）改项改名

有些运动员需要更改报名项目，或运动员姓名输入错误，需要修正，可在此步完成这些工作（图4-3-39）。

图4-3-39　改项改名

（4）测验运动员管理

此步用于管理测验运动员，点击"测验运动员"打开测验运动员管理窗口，在此添加好所有测验运动员，确定后系统。自动在这些运动员的备栏中添加测验标志。

（5）超龄运动员

点击"超龄运动员"打开超龄运动员管理窗口，在此窗口添加好所有超龄运动员，确定后系统自动在这些运动员的备栏中添加超龄标志。

5. 向导⑤：比赛过程向导

（1）录入处理比赛成绩。径赛、田赛、全能成绩的录入处理分别点开相应的窗口即可（图4-3-40）。

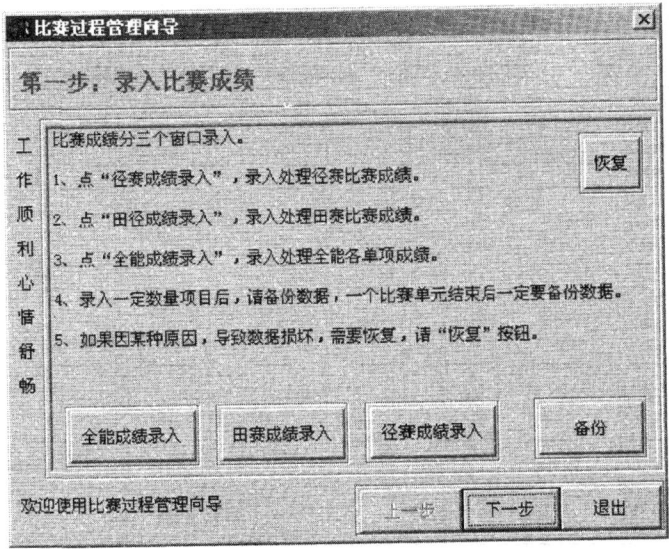

图 4-3-40 比赛过程管理向导

径赛成绩录入与处理窗口如图 4-3-41 所示。

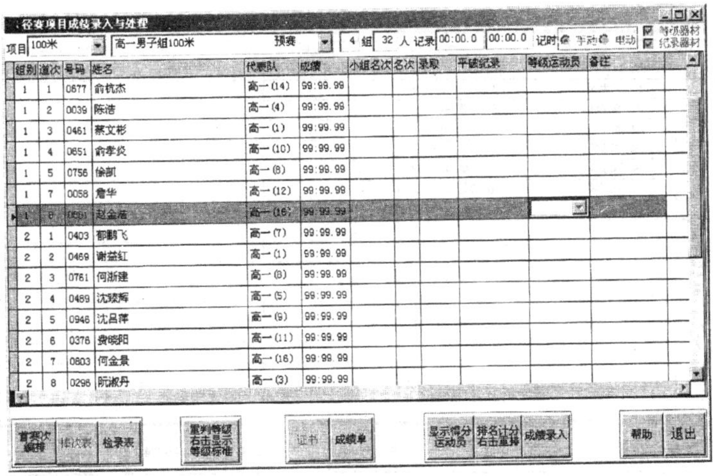

图 4-3-41 径赛项目成绩录入与处理

田赛成绩录入与处理窗口如图 4-3-42 所示。

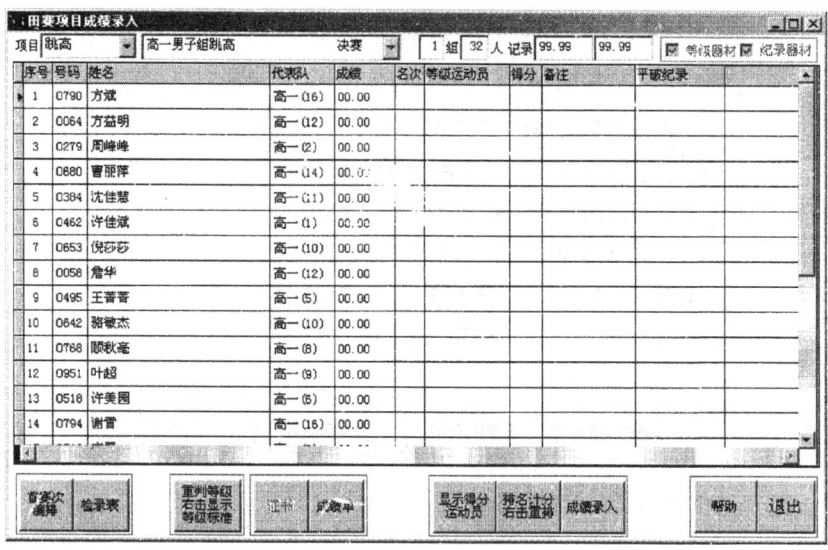

图 4-3-42　田赛项目成绩录入

全能成绩录入与处理窗口如图 4-3-43 所示。

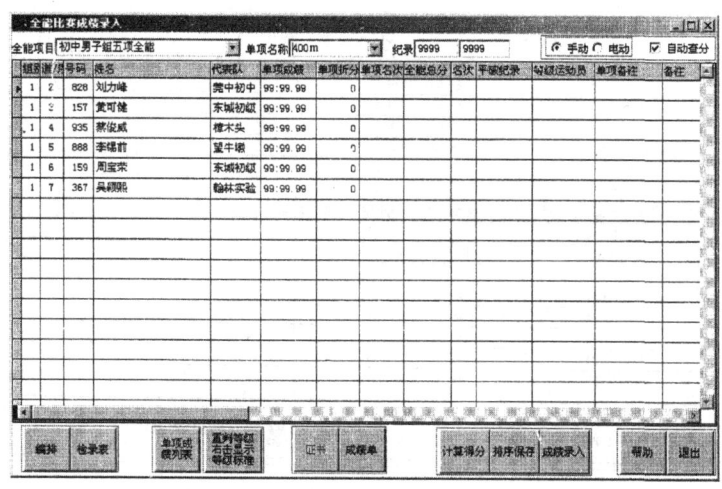

图 4-3-43　全能比赛成绩录入

（2）成绩汇总，总分排名。在此可以查询各参赛单位的总分及排名（图 4-3-44）。总分排名有四种固定方案及自定义方案，基本做到了按使用者要求任意排名。

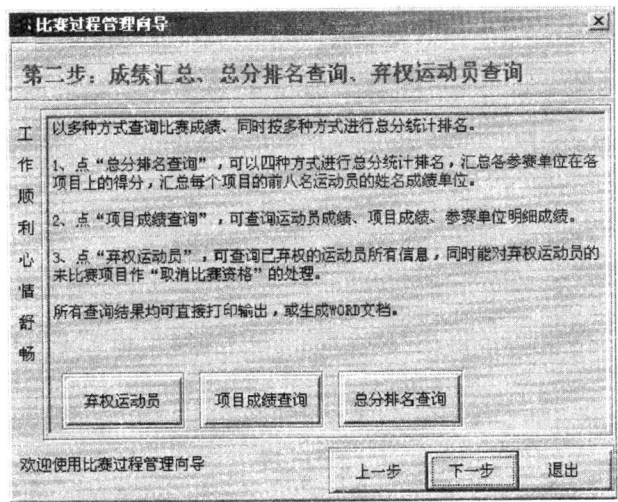

图 4-3-44　比赛成绩查询

(3) 可查询各项目得分表、各竞赛组各比赛项目前八名的运动员的成绩、姓名、单位。可查询所有运动员的成绩，等级运动员、破纪录运动员，可查询每个项目各个赛次成绩、参赛单位所有运动员的比赛成绩明细(图 4-3-45)。

名次	总分	单位	性别	得分	其它加分	第一名	第二名	第三名	第四名	第五名	第六名	第七名	第八名	破平纪录
1	109.5	高一(9)	男子	44.5		2	1		1		2	1		
			女子	65		3	3		1			1	1	
2	90	高一(22)	男子	35.5				4			1	3	1	
			女子	54.5			3	3	1	1	2		1	
3	74	高一(17)	男子	47		2	2	1						
			女子	27			2		1	1	1		1	
4	69.5	高一(10)	男子	20.5			1	1			1	2	1	
			女子	49		1		4			1	3	1	
5	69	高一(16)	男子	41		1	2			2	2	2		
			女子	28		2			1					
6	65	高一(4)	男子	43		2	1		1	2				
			女子	22					2	2		1		
7	60	高一(18)	男子	42			3	1	1	1		1		
			女子	18		1				2			1	
8	58.5	高一(12)	男子	43		2		2		1	1			
			女子	15.5		1				1		1	1	
9	56.5	高一(1)	男子	22		1	1	1						
			女子	34.5		1	2				3			

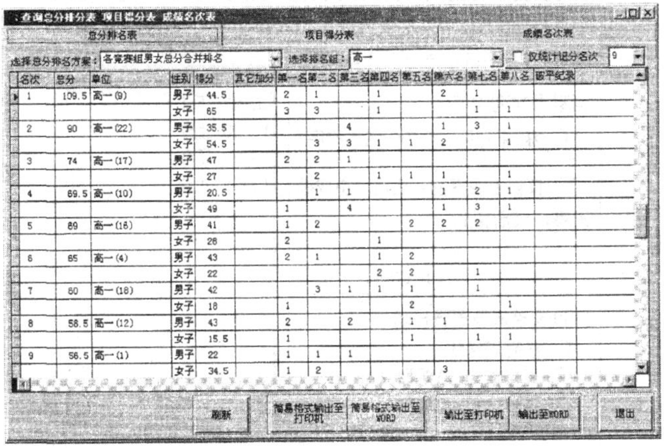

图 4-3-45　查询总分排分表、项目得分表、成绩名次表

所有查询的结果均可打印或输出到 WORD 由于操作简单，这里不再展开。

（4）生成单元或总成绩册（图4-3-46）。

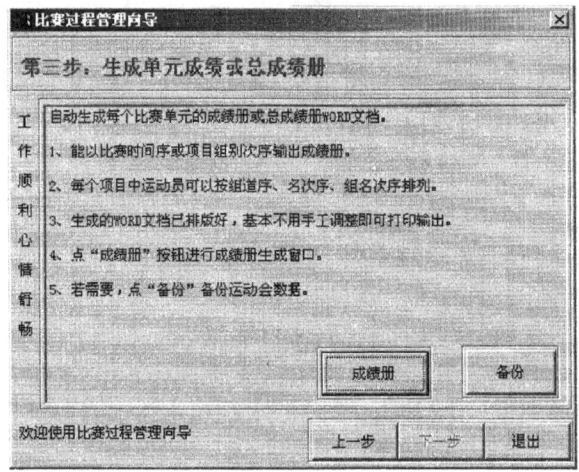

图4-3-46　生成单元或总成绩册

（5）可生成每一个单元的成绩册（可按比赛时间序或项目序），以生出每日成绩册。也可生成总成绩册（图4-3-47）。

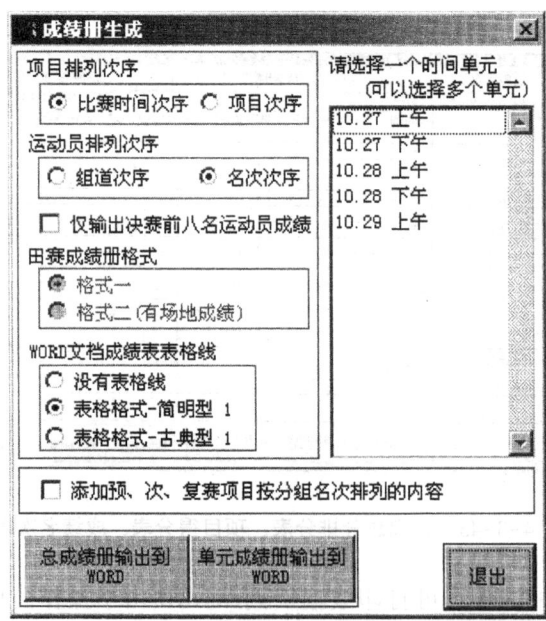

图4-3-47　成绩册生成

6. 补充说明

在五个向导的很多步中均有"备份"按钮，通过这个按钮可完成对运动会数据的备份。使用计算机管理最大的担心就是数据丢失，解决最有效办法就是备份，因此要求凡是运动会的数据有变动，就要备份；特别的几个重要的点，必须备份，如竞赛规程设置完成后、大量的数据录入或导入系统后、秩序册生成前、秩序册定稿后，比赛过程中每个单元结束时等。备份与恢复除用向导的按钮外，可使用系统工具菜单下第一个、第二个菜单来完成（图4-3-48、图4-3-49）。

通过这五个向导的帮助，可以对一届运动会的全程实施管理，并使整个管理流程清晰，有效降低了使用难度，做到了上手即会。

需要我们注意的是，一般的运动会通过向导操作均可顺利完成，但对有些有特殊要求的运动会，仅使用向导会有困难，必须通过菜单操作来实现。但仍可以通过向导来熟悉整个操作的流程，熟悉了流程后再改用菜单来完成这个流程。至于哪些特殊要求必须用菜单来做，这里限于篇幅不再展开。

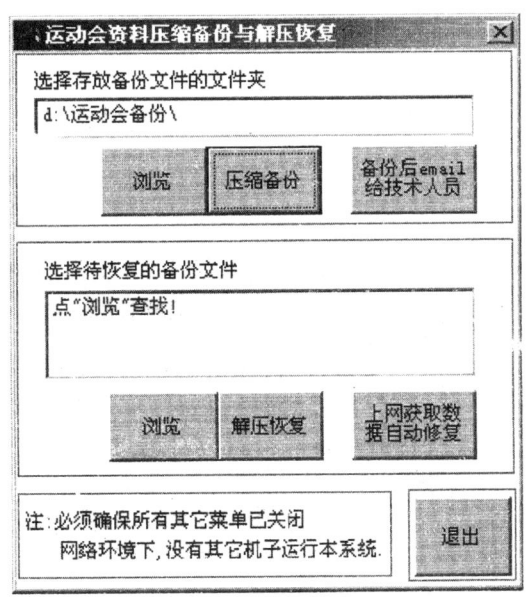

图4-3-48 运动会资料压缩备份与解压恢复

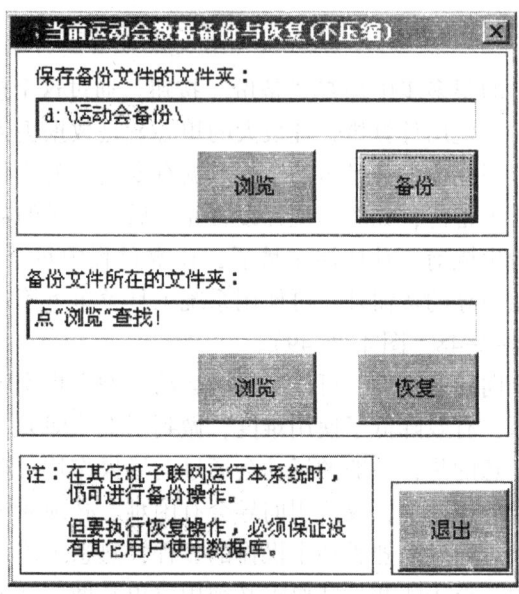

图 4-3-49　当前运动会数据备份与恢复

第五章 田径运动走跑类项目实践述论

走和跑这两类运动源于早期人类的生产和生活，是我们日常生活中常见的运动。在现代田径运动中，走类项目主要是竞走项目，跑类项目则包含的项目较多，主要包括短跑、接力跑以及中长跑等等。本章在阐述走跑类项目技术动作的基础上，对走跑类项目的教学与训练进行了重点分析和深入研究。

第一节 田径运动走类项目实践论述

一、田径走类项目的技术动作

田径走类项目竞走项目是一项比较艰辛的运动项目，它的运动距离和持续时间通常都较长，对运动员的能量消耗也比较大，需要运动员能够长期地维持相同、枯燥且标准的动作。但竞走运动的训练与比赛对运动员本身来说是有极大益处的，它可以培养运动员艰苦耐劳的珍贵精神品质，有效提高运动员的运动能力。

（一）姿势

竞走运动的姿势并不复杂，相反是极为简单的。在迈步时，运动员要始终保持身体的平直和放松，尤其是背部，迈步时盆骨不能有所倾斜。为了在竞走过程中身体姿势正确，运动员应该尽量放松，使头部始终处于自然的位置，眼睛看着前下方的路面。

（二）髋部动作

髋部运动推动人体向前运动，通过向前转髋（横轴平面平行于地面），后腿被推离地面。就像是一个发动机，髋部动作推动膝关节和脚加速向前运动。在之后摆动的动作中，膝关节赶上向前运动的髋的位置。当与地面接触时，脚后跟稍微超过膝关节。

（三）正确步长

髋部动作的正确能够有效增大步长（图5-1-1），同时还能使放脚动作在一条直线上完成（图5-1-2a）。转髋动作如果不准确到位，或者是骨盆柔韧性有限，就会使脚落在一条直线的两侧（图5-1-2b、c）。

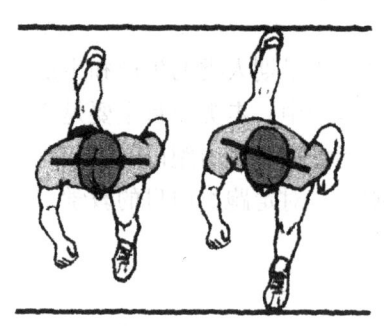

图5-1-1 迈步时的髋部

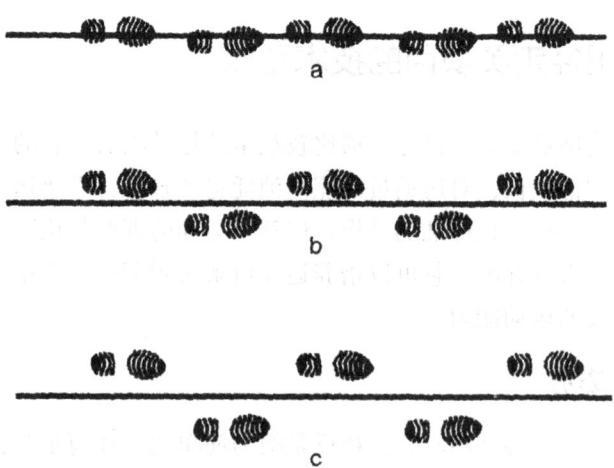

图5-1-2 髋部动作不同时的脚印

（四）膝关节动作

在脚跟与地面接触到支撑腿达到垂直部位时，膝关节必须要始终保持伸直（图5-1-3）。在之后的摆动动作中，膝关节弯曲，由于转动半径缩短而使摆动速度有所加快。后腿的弯曲时机会因运动员的不同而形成不同的变化。运动员的力量、膝关节的结构与柔韧性都会对这一弯曲时机造成决定性的影响。

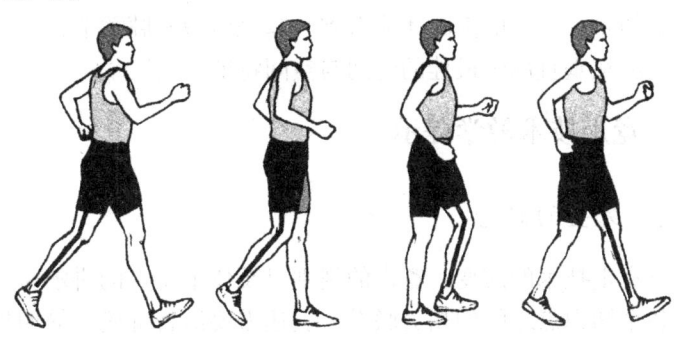

图 5-1-3 竞走时膝关节的变化

二、田径走类项目的技术教学

（一）竞走教学的重点与难点

1. 竞走教学的重点

（1）掌握双支撑技术

竞走技术的另一个教学重点就是要加强竞走过程中的双支撑阶段技术的要求和练习时要注意用前腿脚跟触地，脚尖向上翘起，同时还要注意与后腿脚尖着地的同步动作。胫骨前肌的耐力和收缩力量决定了脚尖上翘动作的质量，因此在教学中要加强抗阻力或负重上翘脚尖练习。此外，应加强踝关节的绕环练习，加强脚掌的上、下大幅度的摆动练习。在教学时，要注意仔细体会前腿脚跟和后腿脚尖的静止站立以及体会较慢速度大步走时用前腿脚跟与后腿脚尖同时着地的感觉。

（2）走进过程中身体重心平稳移动

要保持身体平衡，把握好身体重心。在竞走时，运动员的身体重心的波动不大，因此其重心移动路程小，可以有效节省体力，同时这也能有效防止因腾空造成的犯规。竞走时身体重心的上下波动通常不到 5 厘米。单腿垂直支撑时重心位置最低，前腿脚跟着地瞬间重心位置最高。为使走进时身体重心达到平稳，要仔细考虑后蹬方向、落地方式和落地距离。

2. 竞走教学的难点

竞走的一个技术难点是在前腿着地垂直部位膝关节必须伸直，着地技术必须是"滚动式"足踵着地技术，必须做到前腿着地瞬间有42毫秒以上的膝关节伸直，使人的肉眼才能看到，脚触地瞬间膝关节伸直的动作形象，成为前腿在垂直部位最佳的时间与空间特征。

（二）竞走技术教学提示

1. 建立完整的概念

在进行竞走技术的演变、竞走的规则以及技术特点的讲解时，教师务必要理顺各个知识点之间的相关联系，表达需要语言准确、简明扼要。为达到更直观的教学效果，教师在讲解过程中可以图文结合，并播放有关竞赛和训练影像或是教师亲自进行技术动作示范，使练习者达到对竞走技术动作与特征的全面而深入的了解。在教学过程中，教师要保证练习者能够听清楚、看明白。

2. 学习与初步掌握

（1）学习竞走的腿部动作

脚跟先着地，然后经脚掌外侧迅速滚动到全脚掌，在着地的瞬间伸直膝关节。要求练习者在后蹬后，脚尖不离开地面，切记不能小腿后撩，否则会出现跑动动作。

（2）学习竞走时髋关节冠状轴的转动动作

在进行髋关节冠状轴绕支撑腿髋关节垂直轴转动练习时，要积极前移髋部，使髋部带动大腿、小腿迈步，并前移身体重心。在进行髋关节冠状轴绕支撑腿髋关节矢状轴转动练习时，练习者要充分伸直支撑腿，并使支撑腿达到垂直支撑状态。

（3）学习竞走中两臂和两肩的动作

首先练习直臂前后摆动动作，肩臂与身体均放松。在进行屈臂摆动时，要求摆臂动作要尽可能放松且动作幅度要大，要强调两肩的扭转和两腿及髋部动作的协调性。

（4）学习竞走完整技术

在教学过程中，通常会采用间歇走的方法进行竞走练习，可停下作原地休息，或用普通走进行积极性休息。在教学中，要注重动作的协调性，动作不宜太过紧张，要适当放松，并且要有明显的双支撑动作过程，以避免腾空，同时在支撑腿在前支撑时要伸直膝关节。当练习者对竞走技术已经基本掌握时，可根据情况适当增加距离，提高速度。

3. 改进和提高

在练习者达到对竞走技术的基本掌握，以及教师对练习者的学习特点和情况有了一般的了解后，教师对此做出改进措施。这一改进阶段的主要任务是通过持续地走进来达到对竞走技术的有效提高。按照对技术的掌握程度将练习者分为若干个小组，每一个小组成一路纵队进行竞走技术的改进和提高训练。根据练习者在这一阶段出现的各种技术和动作问题，教师进行专门的指导和帮助。在练习中，要强调走的动作的放松，要具有协调性和节奏性。为了使练习者更好地把握在竞走时的节奏感，可以挑选出节奏感较好的个人做领头进行示范练习。同时为有效提高学习兴趣，增加教学乐趣，可组织多种形式的教学活动，如比赛和游戏。

（三）易范错误的原因与纠正

1. 髋绕垂直轴转动幅度小

（1）产生原因
①前摆腿时不会向前送髋。
②髋转动的灵活性和柔韧性都较差。
③双臂摆动幅小，使髋横轴与肩横轴交叉幅度小。
（2）纠正方法
①进行专门的髋关节的灵活性和柔韧性动作练习。
②进行髋肌群的腰腹肌群的练习。
③进行专门的摆腿送髋动作练习。
④加强相关的大幅度沿垂直轴转动髋的动作练习。
⑤进行专门的髋横轴和肩横轴大幅度交叉转动练习。

2. 明显的双脚离地

（1）产生原因
①蹬地的力量和角度都过大，使身体重心过度升高。
②步伐频率过快，步子过长，竞走速度把握不准。
③跑动作结构出现，前摆腿高抬大腿扒地式落地，支撑腿蹬地后向后摆动。
（2）纠正方法
①把握好蹬地力量，减小蹬地角度，维持身体重心。
②合理控制步频与步长。

③加强对双支撑动作结构的理解和练习。

3. 竞走时躯干左右摇摆幅度大

(1) 产生原因
①横向摆臂。
②脚落地时偏离前进中线。
(2) 纠正方法
①走进时要在直线上,双脚落在靠近直线的两侧。

4. 支撑腿在垂直部位屈膝

(1) 产生原因
①因疲劳而产生的对技术动作的控制不准确。
②支撑腿在垂直部位膝关节支撑能力差。
③支撑腿在垂直部位屈膝缓冲动作定型干扰。
(2) 纠正方法
①进行专项耐力训练,加强技术定型,比如可在疲劳状态下做直腿走训练。
②明确竞走和跑在支撑腿在垂直部位直和屈的技术特点。
③进行专门的支撑腿垂直部位伸直膝关节能力训练。

三、田径走类项目的技术训练

(一) 摆臂训练

摆臂练习是为了培养和提高摆臂技术,准确把握竞走时的步频和步长,维持身体平衡。

(1) 与腿部动作共同配合进行原地摆臂动动作。双脚开立,脚间距为15~25厘米,支撑腿的一侧伸髋,手臂前摆,脚掌着地,摆动腿一侧屈膝屈髋,手臂后摆,前脚掌着地。

(2) 原地摆臂。双脚前后开立,将身体重心放在前腿上,半握拳,屈肘约90°,以肩关节为轴上臂带前臂进行前后摆动动作,注意前摆不超过身体中线。高度不得超过下颌高度,后摆肘稍向外。

(二) "8" 字形走

"8" 字形走是为了改进脚着地,弯道走和后蹬送髋技术。画两个圆圈形成"8"字形，半径约为 10~15 米，顺时针、逆时针皆可，距离可无限度延长。

（三）短距离加速走

短距离加速走是为了对技术进行更进一步的改进和提高，练习方法通常以 40~1000 米中速走为主。

（四）骨盆动作训练

这一训练是为使训练者能够更好明白骨盆在竞走技术中的重要性，并掌握骨盆在竞走中的运动形式，使动作更加轻松自然而协调，同时还有利于训练者直线性走动的培养，达到对重心的良好控制，控制步长。

（1）为形成准确的转髋技术，可进行原地转髋练习，双腿交叉行走，肋木支撑转髋等．提高髋关节的灵活性。

（2）原地两腿屈直交换伸髋练习，双腿开立，左右脚间距离约 20~30 厘米，伸髋一侧脚掌支撑地面，另一侧屈髋伸膝以前脚掌着地支撑，其屈膝指向另一脚的脚尖方向。

（3）双腿在行进时左右交叉分落在中线两侧。

（4）在行进时，摆动腿屈膝，通过髋部带动向支撑腿正前方摆动，然后伸膝足跟着地，大腿外旋，脚尖朝向正前方。

（五）快速低姿直摆腿走训练

这一训练是为了使训练者在快速的行进中体会正确动作。

结束后蹬后的后摆要小，接前摆时脚略呈内翻，脚尖略微向上勾起，大腿带小腿并同侧髋在微伸膝的形式下，距地面最低的高度，似擦地非擦地的前摆姿势向两脚正中前上方摆动，以足跟的外侧先着地再滚动至全脚，两脚交替快速迈步前进。

（六）快速低姿微屈的前摆与足跟领先着地的伸膝摆动训练

（1）在进行摆臂动作训练的基础上，使前摆腿动作更加轻松而省力，在练习中体会重心快速前移的杠杆作用力。

（2）在进行快速低姿直摆腿走练习的基础上，摆动腿在向前摆动时大腿带动小腿压着前伸至足跟领先着地，此时大腿稍微外旋，膝向正前方。

第二节 田径运动跑类项目实践论述

一、田径跑类项目的技术动作

在现代田径运动中,跑类项目主要有短跑、中跑、长跑、超长距离跑(即马拉松赛跑)和接力跑。另外还有比较精彩的跨栏跑和障碍跑比赛。下面对这些短跑项目的技术动作进行大致的解说和分析。

(一)短跑项目的技术动作

通常,短跑的技术主要包括三个方面,即起跑、途中跑和终点冲刺。

1. 起跑技术

在短跑中,通常规定其起跑为"蹲踞式"起跑,运动员在听到发令枪响即刻跑出。这一起跑主要分为"各就位""预备""起动"三个动作。

在"各就位"口令发出时,运动员应调节情绪,做深呼吸,在起跑器前俯身撑地,将双脚蹬在起跑器的前后抵趾板上,较为有力的腿在前,后腿膝盖着地,跪在地面,双手伸展成八字形撑在地面上,双臂与肩同宽。身体躯干保持微弓,中心在两手两脚支撑点中央。运动员应集中注意力等待下一个口令的发出。在"预备"口令发出后,吸气抬臀,臀部高度比肩部稍高,重心稍微前移。此时,主要是由双臂和前腿支撑身体重量,这有利于支撑腿的起动用力。前腿屈膝成90°,后腿屈膝成120°,双脚紧压抵趾板。运动员所形成的以上姿势、角度以及全身状态,有利于在起动时蹬、摆配合,便于快速起动和发挥速度。运动员在全身姿势做到位后,集中注意力听枪声(图5-2-1)。

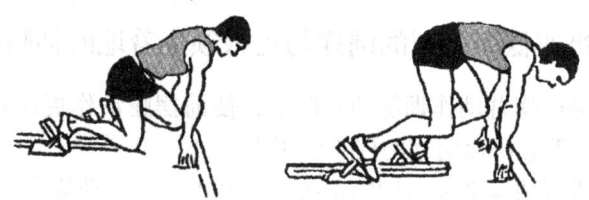

图 5-2-1 起跑姿势

枪声响起后,运动员双手即刻离地,屈肘,双臂快而有力地进行摆动,与此同时双腿蹬离起跑器,屈膝,双腿快而有力地向前摆动。此时,运动员的身体前倾幅度较大,为"起步跑"。

在枪声响起后,起跑由双手离地进行大幅度的前后摆臂动作开始。双手离地时,双腿蹬伸抵趾板的动作也同时进行。运动员的预备动作中,重心前移,双脚压紧起跑器,此时已经在为双腿的蹬伸动作做好势能准备。运动员的双手在离开地面后,不再对身体有支撑作用,使身体产生俯冲动力,此时已经为前蹬腿做好了准备,同时后腿也能在此时进行强有力、快速的摆动。整个起跑动作环节有条不紊,是由两腿分别进行蹬伸、摆动,两臂屈肘前后摆动,后腿前摆等几个环节共同完成。

2. 途中跑技术

途中跑是短跑的一个主要阶段,距离最长,跑速也达到最快。途中跑要求运动员保持放松的状态,步子频率快,腿部的动作幅度较大,前脚掌有力并有较好弹性的落地,踝、膝起缓冲作用过渡到后蹬。途中跑的技术主要有两腿动作、重心起伏、摆臂以及上体姿势。

运动员身体保持端正,稍稍前倾,屈肘成90°,手掌伸出进行快速而有力的摆动。在前摆时,手臂的手肘关节成60°～70°,后摆时的肘关节成130°～140°。双腿有力而快速地摆动,前脚掌扒式着地,双腿蹬摆的动作与双臂的摆动动作协调一致(图5-2-2)。运动员在跑动的过程中要始终目视前方,保持躯干正直或稍微前倾,放松颈部,不宜过于紧张。总而言之,运动员在途中跑时必须要保持动作的协调放松,频率快,动作幅度要大,保持重心的平稳,呼吸短而快,成直线跑。

图 5-2-2 跑步姿势

3. 终点跑技术

短跑的最后阶段就是终点跑，在这一阶段运动员的速度应是途中跑的最高速度。在跑法上，终点跑与途中跑一致，但是在终点跑中运动员要把握加速来进行终点冲击。终点跑的最后一步就是躯干尽量前倾使胸部冲过终点线。

运动员在整个短跑的后阶段，在快要结束时会因为体力不足而使速度有所下降，会影响整个短跑的成绩，因此在终点跑时要想保持途中跑的速度，就必须要再加快摆臂速度，使上体适当地向前倾斜，同时使后蹬和双臂的摆动更加有力。在要到达终点时，将上体尽可能地快速向前倾斜，使肩部或胸部冲过终点线。为防止跌倒，在冲击终点线后应加大步伐，不宜即刻停止跑动，应慢慢缓冲跑速。

（二）跨栏跑项目的技术动作

1. 男子110米跨栏跑技术

（1）起跑至第一栏的技术

男子的110米跨栏跑中，从起跑点到第一个栏的距离是13.72米。在跨栏跑的各技术中，起跑到第一栏的跑动技术尤为重要。它要求运动员能够迅速启动并进行加速，踩到准确的起跨点为跨第一栏做好准备。这一阶段的技术要求如下。

首先，通常运动员从起跑点跑到第一栏需要8步，但有时也因个体有所区别，有人需要9步，有人只需要7步。在这一阶段中需要双数步跑完的，应将跨腿一侧起跑器摆放在前面，单数跑的则相反。为了能够使运动员踩到更为准确的起跨点，根据加速跑步点的需要，可在起跑线后稍稍前后调节起跑器的位置。

其次，在动作"预备"时，抬臀，使臀部高度明显高于肩部位置，这有利于加大前几步的步长。在枪响后，运动员起动反应要迅速，快速地蹬离起跑器迈出第一步进行加速跑。跨栏跑的加速跑的后蹬角度稍大，重心较高，身体与地面的夹角稍大，这有利于使运动员的起跑后的步长快速增加。通常在要跨上一栏的前两步，上体已经形成了正常的跑动姿势。

最后，要准确把握加速跑的跑幅的节奏性与稳定性，不能使步频紊乱，步伐忽大忽小。从跑出的第二步开始，运动员要适当加长每步的步长，约为15～20厘米左右。在正式跨栏前的最后一步，为了能够使运动员的重心迅速通过支撑点上方而转入起跨攻栏，须做"短步"，即此前一步短 15~20 厘米。

(2) 跨栏步技术

跨栏步是从起跨腿的脚踏上起跨点开始到摆动腿的脚过栏后着地为止。在这一阶段，在能够越过栏架高度的前提下，运动员应尽可能地减小起跨时的垂直速度，增加腾空初速度，降低身体重心抛物线轨迹，以此尽快地越过栏杆。跨栏步技术主要包括两个方面，即起跨攻栏与腾空过栏。

起跨攻栏：它是指起跨脚踏上起跨点到起跨腿后蹬结束离地瞬间。下面为几项起跨攻栏的技术要求。

首先，起跨攻栏要确定好适合个人的起跨点。若是起跨点离栏架过远，那么运动员上栏就会比较困难，腾空时间拉长。而过近则会使运动员在起跨时的跨腾角度加大，运动员同样会跨栏困难，形成跳栏，腾空时间拉长。通常，一名优秀的运动员的起跨点距栏架 2.00~2.20 米。

其次，起跨、蹬地的速度要快，起跨的前一步的步长应缩短 15~20 厘米。起跨腿用前脚掌在靠近身体重心投影点附近的起跨点快速着地起跨。缩短起跨的前一步的步长，有利于使运动员保持较高的重心，降低跨栏对垂直速度的要求，同时还能有助于运动员身体重心快速过支撑点上方并转入攻栏动作。运动员在进行攻栏后，起跨腿必须要能够迅速伸展踝、髋、膝等关节，上体前倾，髋部前送，摆动腿的另一侧手臂尽量保持前伸，使重心尽量前移形成适宜的起跨蹬地角度，通常为 65°~70°。

最后，攻栏摆腿快，起跨腿着地后要迅速屈膝摆腿向前。运动员在攻栏时，摆动大、小腿继续折叠向前上方高摆，由于摆动半径缩短，腿的摆动速度加大，使起跨攻栏的效果更佳。

腾空过栏：腾空过栏指从起跨脚掌离地到摆动腿下栏着地为止这段时间内的动作。运动员在身体腾空后，重心沿着腾空轨迹向前运动。在腾空后，人体是不能对身体重心的运行轨迹和位移速度进行调节和改变的，因此，运动员在腾空过栏时要使上肢保持协调，并加快起跨腿和摆动腿，这样才能迅速完成跨栏动作和着地动作。

运动员在起跨蹬离地面后，摆动腿高于栏板时要迅速前伸，而当其脚跟快要接近栏板时，要尽可能伸直。此时，迅速前倾上体，尽量使胸部向摆动腿方向靠近，另一侧手臂积极摆动向前，形成肩横轴与髋横轴交叉扭转状态，使身体保持平衡。上体前倾，起跨腿与上体形成直线，与摆动腿之间形成较大角度。起跨腿与摆动腿之间大幅度的分离，能够起到肌肉预先拉伸的作用，这有利于使运动员在下一个跨栏中双腿快速形成剪绞动作。

摆动腿脚掌越过栏板后，随之开始做积极的下压动作。此时后方的起跨腿屈膝外展，迅速向前拉引。而在向前提拉时，起跨腿的脚跟靠近臀部，膝部比踝部位置要率高，脚尖向上翘起，与摆动腿的下压形成剪绞动作。此时，与下肢动作配合，摆动腿的异侧手臂做侧后方划摆动作，在要接近体侧下方时屈肘收回，另一只手臂前摆维持平衡。

摆动腿下压，则上体就会稍稍抬起。摆动腿的前脚掌着地时，膝关节处于伸直状态，踝关节形成缓冲作用，这时身体重心较高。摆动腿在着地时，身体依旧前倾。起跨腿的向前提拉过程中，身体重心移动过支撑点，这时跨栏步动作结束，转入了栏间跑阶段。运动员在着地时应尽可能地靠近重心投影的附近，以此来减少着地时的水平速度的损耗，通常，一名优秀运动员跨栏步的着地点与栏架相距 1.30~1.45 米。

（3）栏间跑技术

栏间跑指的是运动员在结束上一个跨栏动作着地时到下一栏起跨时的快速跑动的过程。在这一过程中，运动员跑动速度要快并保持适当的节奏，为攻栏动作做准备。栏间跑技术与短跑的途中跑有所不同，栏间跑是在规定的距离中以固定的步数跑完，同时还要为过栏做好全身准备。栏间跑时，运动员的身体重心处于较高位置，步伐节奏较快，栏间三步的步长比例是小、大、中。

下栏动作和栏间第一步应是紧密相连的。在下栏着地时，摆动腿的膝关节处于近乎伸直的状态下，参加后蹬、用力的伸肌群充分拉长，与此同时起跨腿通过屈膝外展提拉，放脚落地。起跨腿与摆动腿之间协调配合的交叉步动作，使其后蹬力量和抬腿速度有所降低，因此是其步长是三步中最小的。要实现最佳的跨跑效果，运动员在下栏着地时就要利用脚掌力量以及支撑踝关节来充分后蹬，起跨腿带动髋部向前提拉并通过运动员的双臂摆动使跨跑更加迅速有效。通常，一名优秀运动员的这一步的后蹬角度约为 60°，步长为 165 厘米以上。

栏间第二步是快速跑进的关键，是栏间跑最大的一步。栏间第二步时，运动员的跑动动作基本上已经恢复到正常的跑动动作，这一步速度更快、力量更强、抬腿也较高。通常一名优秀运动员的栏间第二步的步长约为 2.10 米。

栏间第三步关系到运动员的起跨攻栏，在这一步运动员的跑速达到最快。栏间第三步需要快速跑进，同时还要为起跨攻栏做准备，因此，第三步放脚快、抬腿不高，靠近身体重心投影点。这一步的步长比第一步大，比第二步小。

（4）终点跑技术

终点跑指的是运动员跨越了全部的 10 个栏架后到达终点之间的距离。

在跨完全程的栏架后，对运动员已经没有步点的要求，因此在经过最后一个栏架时要积极下压摆动腿，拉近着地点。一旦通过栏架，起跨腿即可快速向前摆动。在这一阶段，为快速冲击终点，运动员应该加强摆臂和后蹬来加快步频，使速度达到更快。

2. 男子和女子 400 米跨栏跑技术

就过栏技术而言，男、女 400 米与 110 米栏无甚差别，而男、女 400 米的栏间距较长，栏架高度不同，并且有些栏架还设置在弯道上，因此在动作幅度、形式、细节以及用力程度上会有一定的区别。运动员起跑至第一栏所用步数与栏间跑所用步数有关，栏间跑 15 步，起跑至第一栏用 22 步；或 14 步与 21 步；或 13 步与 20 步。

（1）女子过栏技术

女子 400 米跨栏的栏架较低，因此其对运动员的一些技术要求也较小。较其他跨栏项目而言，这一项的上体倾斜角度以及后蹬力量都较小，起跨腿的提拉速度以及摆臂幅度也较小，跑跨技术接近"跑栏"。

（2）男子过栏技术

过栏技术要求介于 110 米栏和女子 400 米栏之间。

（3）栏间跑技术

栏间跑的步长要准确、步数要固定，强调节奏感。栏间跑对运动员的肌肉力量要求较高，同时运动员还要具备良好的目测以及空间定向能力，这样才能准确的踏上起跨点。栏间跑的实跑距离约为 32.7 米，通常女子跑 15~17 步，男子跑 13~15 步。

（4）跨弯道栏技术：男、女 400 米跨栏会有 5 个栏架设置在弯道上，弯道跨栏和直道的有所区别，运动员的过栏技术会稍有改变，同时对起跨栏腿的选择也有要求。通常，运动员右腿起跨比左腿起跨更为有利，因为右腿起跨能够利用向心力顺利过栏并使运动员身体保持平衡，避免失误引起犯规。

（5）400 米跨栏跑的跑程较长，栏间距以及栏间跑步数也更长、更多，因此这对运动员的栏间步节奏的控制能力有较高的要求，同时运动员还需要具备坚强的意志、品质以及良好的专项耐力，这样才能更加迅速地跑完全程。

二、田径跑类项目的技术教学

(一) 短跑项目的技术教学

1. 短跑项目技术教学的重点与难点

(1) 短跑教学的重点

途中跑在短跑全程中距离最长,约占全程的 60%~70%,其速度也是最快,是短跑教学的一个重点。途中跑主要是发挥练习者的最高速度并维持这一速度,在教学中,练习者要把握好跑动时的各项技术,如上体姿势、摆臂动作以及腿部动作。此外,在教学中可采用蹲踞式起跑教学,通过这一训练教学练习者能够领会到在起跑过程中的动作规格要求,调整心态,提高练习者适应和应变能力。此外,还能培养和提高练习者的快速力量、速度耐力等素质,促进高速奔跑能力和加速能力的提高。

(2) 短跑教学的难点

在短跑的各项技术中,起跑和起跑后加速跑技术是一项比较难且复杂的技术。教师通过对练习者的快速跑教学,可培养其身体的协调性、灵敏性,以及其速度和速度耐力等素质,并增强其内脏器官功能、下肢肌肉力量以及快速奔跑能力,此外还能使练习者更加快速而直观地了解和掌握跑的基本知识和技术,促进正确姿势的形成,同时还能培养练习者坚忍不拔、不怕苦、不怕累的精神品质。

在进行短跑教学时,要强调"各就位""预备""跑"这3个口令的连贯性。将重点放在起跑后的加速跑教学,培养和提高动作的协调性和连贯性,处理好速度与步长的关系。此外,还要有计划、有目的性地加强练习者的身体素质和快跑能力练习。在技术练习中,要着重培养练习者的自然放松能力,不断提高和改进技术,促进全程跑成绩的提高。

2. 短跑技术教法提示

(1) 明确概念,了解技术

教师应该有重点、有目的地对重点知识进行讲解,语言要准确,简明扼要,重点强调途中跑的技术要点。教师在进行示范练习时,要确保动作的准确性。

(2) 专门练习

练习者通过跑的专门练习可以达到对短跑动作更为细节的掌握和理解,使其动作技术更加完善和正确。此外,还能有效发展短跑专项素质,所以应将这一些手段在教学中加以广泛运用。当掌握了正确的动作之后，应当对练习者进行专门的直道途中跑练习，将针对性练习与跑的技术结合起来。

（3）起跑及起跑后加速跑技术

①起跑和起跑后加速跑的关键就在于起跑后加速跑的第一步和之后几步的步长和动作。根据练习者的水平，辅以不同的练习手段，比如采用推肩起跑；用长竹竿控制起跑后加速跑身体前倾角度；拉胶皮带或"拉拖车"等抗阻力的起跑练习；按照步长标记跑的起跑练习等。

②在基本掌握起跑和起跑后加速跑技术后，根据练习者的训练特点调整起跑器安装方法。

③要强化练习者对信号的反应能力。

④在教学初期，不宜过早进行相关的竞赛和计时跑，应将重点放在练习者的技术教学上，采用多种练习方法和手段提高练习者训练积极性，适当增加练习的强度。

（4）直道途中跑技术

①在这一技术教学中，要注意强调动作的协调自然，动作规范，不宜激进要求练习者进行快速跑，也不能过早地组织相关竞赛或在训练中用秒表计时。

②在对直道途中跑的技术有了基本的掌握后，可适当增加练习者的跑程，提高跑速。在实际的教学中可以采用到比赛法、追逐法和计时跑等方法进行练习。

③在进行快速跑和行进间的教学时，要强调动作的规范性、准确性，动作要放松自然。

④在教学过程中，教师仔细观察练习者的训练特点，根据书本知识材料选择观察位置（侧面、正面或背面），此外也可组织练习者之间互相观察和指导，使练习者在对他人的观察和分析中提高纠错和改正能力。

（5）弯道跑技术

①弯道跑的教学应在直道短跑技术教学的基础上，要强调弯道途中跑技术。

②练习者在小半径圆圈上进行慢跑、中速跑和快速跑等不同速度的跑步练习，通过这种跑动练习，练习者体会和掌握速度大小与身体内倾程度的关系。

③弯道跑时要注重身体的内倾，这一种内倾应该是整个身体的内倾，而不是只有上体内倾。

④为了形成对练习者的更为准确的观察，教师应站在跑道外侧 3~5

米处，这样才能全方位地观察练习者弯道跑的技术。

（6）终点跑技术

①在教学过程中，应该要指导练习者把握好终点撞线的时机，防止过早或过迟的撞线动作和跳步撞线。

②要强调撞线后不可突然停止跑动，应逐渐减速，以防跌倒。

③练习者在掌握撞线技术后，再进行全程跑训练，要强调后程技术不变形，力争减小速度下降的幅度。

（7）全程跑技术

100米或200米全程跑技术是直道短跑项目的完整技术，是建立在各环节技术教学基础上的。在短跑教学中，必须要强调练习者掌握好全程跑技术，处理好各阶段的技术衔接。通过对练习者全程跑技术的评定，可以达到对练习者成绩以及教学效果的判定，在这一评定中教师要分析出练习者在技术训练时存在的优缺点，并不断改善技术教学。

3. 易犯错误的原因与纠正

（1）后蹬不充分或坐着跑

①原因：腿部力量不足、柔韧性不佳以及躯干姿势不正确。

②纠正方法：加强上坡跑、后蹬腿和台阶跑等训练，提高腿、腰、腹部的力量以及柔韧性。

（2）摆动腿前摆过低

①原因：大腿屈肌的力量较差，躯干前倾角度大。

②纠正方法：进行股直肌以及髂腰肌的力量练习，在训练中多做高抬腿跑。

（3）动作紧张

①原因：心绪不稳、追求完美而导致动作失去协调性。

②纠正方法：加强加速跑训练，促进身体协调性提高。

（4）跑的路线不直

①原因：摆臂动作和力量控制不足，头部姿势不正确，双腿力量不均衡。

②纠正方法：进行原地摆臂练习，可持重物进行练习。在跑道上做标记，在行进时对练习者进行指引。加强弱腿力量的练习。

（5）起跑抢跑

①原因：紧张或求胜心理，注意力不集中；手臂力量弱，在起跑预备时重心前倾失去控制；起跑器离起跑线的距离近。

②纠正方法：集中注意力，进行规则教育；针对手臂力量进行专门练

习,调整身体重心;对起跑器的位置进行适当调整。

(6) 起跑后上体抬起过早

①原因:仰头或臀部位置太低等预备姿势不正确,蹬摆方向过于向上,腿部力量较弱。

②纠正方法:加强预备姿势练习,规范动作;采用斜竹竿练习的方法,即起跑者按他人手持竹竿的角度冲出,防止过早抬体。

(二) 跨栏跑项目技术教学

1. 跨栏跑教学的重点与难点

(1) 跨栏跑教学的重点

跨栏跑是一项较为复杂的运动,速度快、节奏性强且强度较大,对运动员的身体素质各方面要求较高,运动员必须掌握好技术。跨栏跑的技术教学重点主要为以下几点。

①起跑过第一栏技术:从起跑点到第一栏的步数和距离都是固定的,这阶段要求运动员能够迅速从静止状态脱离出来进行加速动作,步长和步频都要极为准确,以此为后几栏以至全程栏的节奏和速度打好基础。因此,要求运动员能够把握节奏,调节步幅,维持正确的过栏动作,同时还要能够使心绪达到稳定。

②跨栏步技术:跨栏步是跨栏跑技术的一个重点,总的来说分为起跨、腾空过栏以及下栏着地等阶段。在教学中要强调起跨攻栏技术,起跨攻栏受到腾空时重心抛物线的速度、角度、方向、轨迹等多方面因素的影响,在教学中要对这一技术进行反复的练习,培养运动员良好的攻栏意识和态势。此外,这一跨栏步技术需要双腿的协调配合,同时还要强调躯干以及上下肢的配合。

③栏间跑技术:全程跑中,栏间跑发挥了很大的影响力和作用,在这一阶段要求运动员能够较好地把握好跑的直线性和节奏性,身体重心要高,步频要快。

(2) 跨栏跑教学的难点

①跑—跨—跑的有机衔接。现代跨栏跑的技术逐渐由跨栏向跑栏发展,所以在教学过程中要着重强调现代跨栏意识,把握好跨栏跑和跑速的节奏。要做到较好地处理跨栏步到栏间跑的衔接是比较难得,而若是衔接不连贯,就会造成速度减慢。两者联系紧密,不可分割。因此,目前提出的"三步一跨"的所谓"四步周期"是提高跨栏速度的核心,在也是教学难点。

②良好的全程跑节奏。跨栏跑的强度大，跑速要求快，栏高、栏距以及步数皆是固定的，并且对节奏的把握要求较强，若是运动员没有把握好节奏，那么极有可能会影响到技术的发挥，对全程的技术以及速度也会造成极大的影响，所以在教学中要强调对节奏的把握，加强心理素质的培养和锻炼。

2. 跨栏跑技术教学提示

（1）通常在短跑技术教学之后在进行跨栏跑训练。

（2）在教学初期，教师的示范动作应该准确到位，把握教学重点，不宜分析过细。

（3）栏间跑的内容应是跑完第一栏后。

（4）将跨栏步作为教学重点，为使同学们更好地掌握动作要领和技巧，教师应组织一些专门和分解性练习。

（5）在基本掌握了跨栏跑技术后，组织练习者进行全程跑练习。尤其要强调起跑后顺利通过第一栏。

3. 易犯错误的原因与纠正

（1）起跨时重心较低，蹬地不充分，屈腿跳栏

①原因：起跨点掌握不当，过近，栏前跑的技术不到位；跑动速度慢。

②纠正方法：在跑进时重心放高，标出起跨点，根据情况降低栏架高度，加强起跨攻栏训练。

（2）腾空后双腿动作不到位，"剪绞"时机把握不准

①原因：起跨腿过早提拉，蹬地不充分；膝关节和髋关节灵活性较差；上体过直，摆动腿直腿摆动，下压不充分。

②纠正方法：加强起跨腿栏侧过栏练习。根据情况拉长起跨距离，提高速度，培养和发展膝关节与髋关节的柔韧性以及灵活性。

（3）蹲踞式起跑至第一栏起跨点不准，加速不及时

①原因：在起跑后的第一步的步子迈得过小，节奏性把握不准，信心不足。

②纠正方法：在起跑的第一步位置做标记，并进行反复的练习，适当调节和降低第一栏的栏高，培养和形成正确的8步跑的节奏，进行心理调节和疏导，增强自信心。

（4）摆动腿直腿摆动过栏或屈腿绕过栏板

①原因：没有形成对摆动腿动作的正确认识和把握；摆动腿膝关节没

有放松，过于紧张，小腿前伸太早；摆动腿的折叠程度不够，大腿屈肌力量弱，起跨前大腿抬起高度不够。

②纠正方法：加强摆动腿屈膝摆动的技术教学，进行屈腿摆动的模拟练习，加强对大小腿折叠及打开的时机的把握；利用多种机械辅助攻摆练习，主要的工具有跳箱、山羊和栏架等；加强车轮跑和负重屈膝前摆"鞭打"练习。

（5）过栏时起跨腿膝、踝内侧碰及栏板

①原因：起跨点把握不准，过远，摆动腿高摆不到位，向前速度慢，上体倾斜太大；起跨腿在提拉时膝关节未外展；大小腿和脚掌在提拉过程中部位不正确。

②纠正方法：进行原地支撑提拉起跨腿过栏动作训练，小腿收紧，膝要稍高于踝，足内侧与地面保持平行；起跨腿提拉时，上体要及时前倾。

（6）下栏时身体不平衡、动作停顿

①原因：摆动腿脚掌着地时起跨腿落后，没有提举到身体前方；摆动腿下压不充足，身体重心落后；起跨蹬伸不足，上下肢配合不协调。

②纠正方法：进行专门的跨栏练习，加强双腿的剪绞配合练习，反复进行上下肢的配合练习；培养和发展髋关节的灵活性，同时还要发展摆动腿踝关节和脚掌支撑力量，促进下肢支撑力的提高。

三、田径跑类项目的技术训练

（一）短跑项目技术训练

随着时代的不断发展，人们对短跑训练有了更为深入的见解和研究。在训练中，人们采用先进的科学理论和技术使短跑运动训练的监督手段、测评方法、恢复措施和反馈控制技术等更为科学和精细，使短跑技术趋于完善。

1. 阶段训练

短跑项目的阶段训练包括两个阶段，即专项提高训练阶段和专项高级训练阶段。

（1）专项提高训练阶段

①任务和目标

a. 确定好个人的主项。

b. 进行技术与专项能力训练，促进技术提高和完善。

c. 培养与短跑主项相关的素质能力。

d. 根据不同个体，加强心理稳定性和短跑比赛能力的培养。

②基本要求

a. 根据个人特点，进行全程跑的技术与节奏的改进和发展。

b. 科学合理选择专项训练的手段和内容，发展与主项密切相关的各项素质。

c. 每一个训练阶段的负荷总量都应比前一阶段要高，但也应据运动员的不同情况来确定最佳负荷量。

d. 适当增加心理训练。

e. 严格监督运动员的训练和恢复过程。

③训练特点

专项提高训练阶段的素质、专项技术以及心理训练的比重明显增加，而训练负荷量与强度的增加主要是通过增加专项训练和比赛次数。全年训练量：80米以内段落跑（96%～100%，13～16公里），80米以内段落跑（90%～95%，16～18公里），80米以上段落跑（91%～100%，21～23公里），80米以上段落跑（81%～90%，45～50公里）；负重练习（100～200吨）；起跑练习（700～800次）；越野跑（200～220公里）；跳跃（7500～8500级）；一般身体训练练习（80～120小时）；比赛次数（28～32次）。

（2）专项高级训练阶段

①任务及目标

a. 根据个人特点不断完善主要技术，促进训练质量的有效提高。

b. 加强抗干扰训练，提高抗干扰能力，培养良好的心理素质和稳定性。

c. 积极参加各项比赛累积比赛经验，由此达到对本人竞技状态以及特点的掌握。

d. 主项成绩逐步大纲规定的目标靠拢。

②基本要求

a. 根据个人特点逐步完善主项技术。

b. 仔细观察和分析运动员在参加比赛、竞技时的状态的形成与把握，并依此制定科学、合理的训练结构以及内容，使其更符合个人特点和需要。

c. 根据个人特点、比赛任务以及规模，制定相对应的训练手段和内容。

d. 加强医务监督，积极运用现代科学恢复手段，达到对训练过程实施的有效控制。

③训练特点

a. 突出专项化特点：训练过程的专项素质能力与技术的发展和完善极大地影响了运动员的短跑运动成绩。

b. 控制比赛强度：训练强度和负荷量的交替发展能够有效促进短跑成绩的提高，高级训练阶段尤其注重负荷强度的提高。

c. 增加比赛次数：短跑运动员的训练负荷应与比赛负荷一致。通常一名优秀的短跑运动员参加的比赛次数达30~50次。

d. 训练手段分类明确，效果提高明显：在训练时，根据肌肉活动的功能特点以及短跑专项化要求安排专项训练手段，规定训练的强度与持续时间，间歇时间与休息方式等。根据训练的不同阶段和训练要求，选择训练内容和强度。

2. 技术训练

短跑技术训练应贯穿在全年训练的各个阶段。在反复练习短跑的完整技术以及进行各环节练习的同时，还要强调技术的关键部分，如蹬地和摆动配合等练习。

在短跑训练中，要强调起跑、起跑后加速跑、途中跑、终点冲刺跑等各环节的技术衔接，要注意上下肢的配合，同时还要加强正确的步幅和步频的技术训练。

主要采用以下几种方式进行短跑技术训练。

(1) 脚掌蹬地进行直腿跳或直腿跑，使踝关节得到充分伸展。

(2) 从小步跑过渡到跑，从高抬腿跑过渡到跑。

(3) 双腿交换进行蹬腿摆跳，向前摆动动作要迅速。

(4) 通过用胶带牵引进行起跑和起跑后的加速跑练习。

(5) 将弓步换腿跳与原地摆臂结合起来进行摆臂动作。

(6) 进行全弯道和半弯道跑技术训练。

(7) 扶撑肋木架单腿进行跑动作的模仿练习。

(8) 在跑道上画白线，做快步频跑或大步幅跑。

(9) 分组按口令进行30~60米的起跑练习。

(10) 分组以快跑速度跑过终点并做撞线技术练习。

第六章 田径运动跳跃类项目实践述论

跳跃运动即人通过助跑与起跳,跳到一定长度或跳过一定高度的一种运动。一般分为跳高和跳远。本章主要对田径运动跳跃类项目技术动作和田径运动跳跃类项目技术训练进行论述,内容如下。

第一节 田径运动跳跃类项目技术动作

一、田径跳高类项目的技术动作

跳高类项目主要有背越式、跨越式和俯卧式三种技术动作。下文主要对背越式跳高的基本技术动作进行分析。

背越式是 20 世纪 60 年代后期产生和发展起来的一种新的跳高技术。由于它能够更充分地发挥运动员的速度和爆发性用力的潜在能力,所以取代了其他传统的跳高方法,成为现代最先进的跳高技术。背越式跳高具有快速的技术特征,且能与力量完美地结合起来,使技术动作表现出很高的效率。背越式跳高的完整技术是由助跑、起跳、过杆和落地四个部分组成的。

(一) 助跑

1. 助跑

(1) 助跑应先确定起跳点

先确定起跳点。从起跳点平行于横杆向靠近自己一方的跳高架方向自然走五步后右转 90°向前自然走六步画一标志点,再向前走七步画起跑点。标志点和起跳点之间的半径约为 5 米的弧线即最后四步的助跑弧线。

(2) 助跑要求快、准、稳

助跑要求快、准、稳。要注意跑时高抬膝关节,最后一步要短倒数第二步 10~20 厘米。

(3) 助跑前段应快速跑

助跑前段应快速跑。因后段跑弧线，所以身体倾向圆心，且速度越快倾斜幅度越大，最后由前脚掌沿弧线落地。这样跑重心高、速度快，落地更积极。有利于稳定水平速度，使起跳动作快速有力。加之是弧线助跑，起跳时身体侧对横杆，容易转体。

(4) 助跑应结合直线跑与弧线跑

助跑前段要跑直线，后段即最后的三、四步要跑弧线。在离近侧跳高架的立柱 1 米、离横杆垂直向下投影点 50~80 厘米处，用远离横杆的腿起跳。助跑 6~8 步或 10~12 步即可。要注意横杆与连接起跑点和起跳点的线呈大约 70°夹角，弧线半径约为 5 米。

2. 弧线助跑技术

(1) 绕圆圈弧线助跑

沿半径大约为 5~8 米的圆圈进行助跑练习时，要适当内倾，将大腿抬高，注意协调四肢。一段时间后可适当地扩大圆圈的半径。

(2) 由直线进入圆圈弧线助跑

直线跑时，上体稍前倾，后蹬坚实有力。进入弧线助跑后，将身体适当倾向内侧，大幅度摆动外侧手臂和腿，动作要行云流水，坚实有力。同样可以适当地增加圆圈的半径。

(3) 面向横杆或海绵垫弧线助跑

要自主适当调整身体的内倾角度，最后几步要加快速度。提高弧线快速助跑速度。

(二) 起跳

起跳顾名思义就是使身体腾空。一般有起跳、脚着地缓冲和蹬伸三个部分。

背越式跳高一般从距离横杆垂直面约 60~100 厘米的地方起跳。起跳时先蹬伸弯曲的腿同时向前上方屈膝摆动，用髋发力带动大腿摆动，小腿由于惯性与其折叠（即屈腿摆动），而当膝部摆动到水平时应立即停止，它会因惯性继续上摆从而带动同侧髋上摆。与此同时要上提肩部，单臂交叉或两臂同时向横杆后上方摆出，有利于身体腾空并沿额状轴旋转。

要注意起跳时腿的髋、膝、踝关节必须充分伸直，且身体也应尽量垂直于与地面。使骨盆先于肩腾起。

（三）助跑与起跳相结合

1. 短助跑起跳"触高"

在起跳点正上方挂一个物品，垂直向上起跳，用手（或头或摆动腿膝部）触碰高物。

2. 三步或五步助跑起跳上垫

弧线助跑起跳，使身体垂直腾起，进而踩上海绵垫。要求动作连贯，一气呵成。

3. 绕圆圈做三步或五步的起跳

以弧线助跑为基础，做三步或五步的助跑起跳，注意后两步速度要快而稳，起跳动作要连贯。

4. 短助跑起跳上海绵垫或高架

三步或五步助跑起跳，接着用肩背部着垫躺挂在海绵垫或高架上。助跑时速度要慢慢加速。谨记倒数第二步摆动腿落地后动作的及时性和连贯性。

5. 海绵垫或横杆前做三步或五步助跑起跳

在选好起跳点后画出助跑弧线，并引导学生进行正确的弧线助跑起跳即可。

（四）过杆和落地

当腿过杆时，前倾上身，内转下压脚尖。腿过杆后，脚尖继续动作的同时，起跳腿外旋上提，将膝摆向胸，自然上摆小腿至平行于横杆。紧接着，抬起上体，向起跳腿方向扭转摆动腿同侧肩，抬起双臂。因为此时身体沿纵轴旋转，上身和臀部都能迅速过杆。

过杆后，摆动腿先落地其次是和起跳腿，记住要屈膝缓冲。双臂在两腿过杆时下垂，在起跳腿过杆后上举。

背越式跳高动作如图 6-1-1 所示。

图 6-1-1 背越式跳高动作

二、田径跳远类项目的技术动作

跳远包括助跑、起跳、腾空和落地 4 个过程。

(一) 助跑

跳远助跑是为了达到最快的助跑速度，同时也为准确踏板和起跳做了充分地准备。

1. 如何助跑

快速助跑是提高跳远成绩的有效方法。

(1) 助跑的起动姿势

助跑的起动姿势会直接影响助跑效果。助跑的起动姿势有两腿微曲、两足左右平行站立的"半蹲式"，或两腿前后分立的"站立式"的开始时静止的起动和走几步或走跳步结合踩上第一个标志点，行进间开始的起动两种。前一种姿势，前三步的速度稳定，能提高助跑的准确性。后一种起动姿势，动作比较轻松自然，行云流水。但不能保证每次都能准确踩到标志位置，速度也不易控制。

(2) 助跑的加速方式

助跑主要有积极加速和逐渐加速两种加速方式。所谓积极加速即从开始就得保持积极地态度快跑，步伐要快而稳。通过这种方式的进行加速能尽量达到助跑速度最大值。且具有助跑前几步步长较短，上体前倾较大，步频较快等特点。是绝对速度较快型运动员的不二之选。但也因其助跑动作急促，起跳的准确性不易把握，所以不受世界优秀运动员的青睐。而逐渐加速则一般是在加大步长或保持步长的基础上提高步频。通常这种加速花费时间较长，能平稳均匀地加速。从而使得跑这一动作为轻松自在，能较容易地把控起跳的准确性，使得试跳成绩也较为稳定（图6-1-2）。

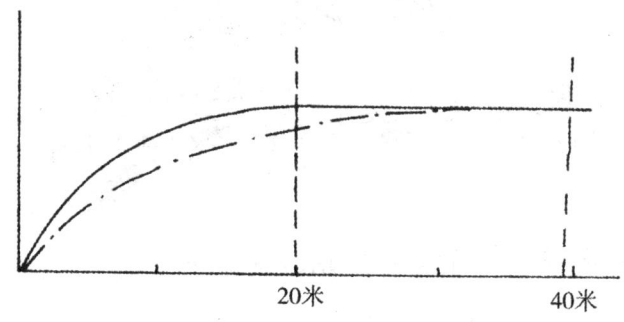

图6-1-2 助跑的加速方式

不论是哪一种加速方式，能否在助跑最后10米达到和保持本人的最高助跑速度才是重中之重。也是取得优异成绩的关键。

2. 掌握好助跑节奏

掌握好助跑节奏可以让跳远运动员发挥和利用最高速度、规律而迅速地进入起跳。要做到助跑速度的增加与起跳力量成正比。原苏联波波夫的试验表明，每增加0.2米/秒的助跑速度或起10°的跳扇形角，运动员都必须增加2%的起跳力量。若达不到会使起跳效果大打折扣，影响跳远成绩。

助跑速度的利用率，即助跑速度与平跑中的最高速度比值，就是指在助跑过程中运动员对自身最高速度的控制能力。

在跳高运动中，运动员助跑速度的利用率与跳远水平成正比。随着跳远技术的进步，美国学者提出助跑速度的利用率可达到99%。

3. 助跑距离的确定

跳远助跑距离的长短应通常由运动员的加速能力和加速方式来决定。助跑距离要适当否则会影响起跳的效果。通常确定运动员助跑距离的指标中30米和100米跑成绩也很重要。

跳远助跑距离并不是一成不变的，也要结合比赛时外界条件的变化及运动员的身体状况来调整。

总的来说，掌握正确的助跑方法是准确踏上起跳板的基础。为了达到这个标准还应该注意如下两点。

（1）保持固定不变的起动姿势、前3步步长与加速方式。

（2）保持一个相对稳定的助跑距离，要时刻关注风向、助跑道质量、自身的身体状态等外界条件的变化，并做出相应地调整和改变，以适应准确踏板的要求。

（二）起跳

起跳是为了尽量减少水平速度的损失，并获得必要的垂直速度，从而改变身体重心，创造适宜的腾起角。其中身体重心的腾起初速度越大，成绩就越好。优秀运动员的腾起初速度可达 9.2~9.6 米/秒，身体重心腾起角约 18°~24°，腾起高度可达 50~70 厘米。

起跳主要有起跳脚着板、弯曲缓冲和蹬伸起跳三个动作（图 6-1-3）。

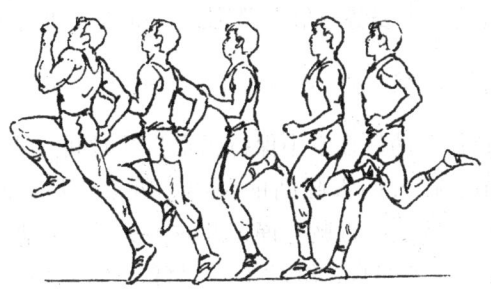

图 6-1-3 起跳

1. 起跳脚着板

起跳脚起跳脚着板瞬间伸直起跳腿，与助跑道形成 60°~70° 的夹角，脚跟先着地后迅速全脚掌着地。挺直上体，注视前上方，摆动腿在起跳脚着地前就迅速弯曲前摆跟上起跳腿。起跳腿落地同时，摆动双臂到身体两侧。

2. 弯曲缓冲

受惯性和重力的影响，在起跳脚着地的瞬间起跳腿的髋、膝、踝三关节为了缓冲被迫弯折。此时膝关节一般约成 140°~150° 角。此时，快速前移髋部，并带动摆动腿积极折叠前摆。顺应腿的运动轨迹继续摆臂，靠近起跳腿的手臂从后往前甩，另一只手臂从前往后甩。记住挺直上体，上移重心。

3. 蹬伸起跳

重心移到起跳腿的瞬间，快速且充分地蹬直起跳腿髋、膝、踝三关节的同时用髋发力带动摆动腿折叠，先抬膝，整体上摆，直至大腿成水平。此时双臂也要摆向前上方，谨记上臂齐肩时，要有意识地做"突停"。蹬伸动作完成后，充分蹬伸起跳腿髋、膝、踝，与地面大约成75°角。尽力抬起摆动腿大腿近水平，自然下垂小腿，向体侧上方摆出两臂，摆正上体和头部。整套动作讲求快，准，狠。注意要在0.1~0.13秒内完成起跳，初速度可达9.2~9.6米/秒，腾起角在18°~24°之间。

（三）腾空

运动员跳起后，屈膝前摆摆动腿至大腿近水平，起跳腿在身后自然放松，这一起跳结束时身体姿势在空中的延续，叫"腾空步"。

"腾空步"后的空中姿势一般有蹲踞式、挺身式和走步式三种。

1. "蹲踞式"腾空

此种方式能延长运动员在空中保持腾空步的时间。能尽可能地抬高摆动腿，弯曲膝关节，扩大两大腿间的距离。腾空步后，起跳腿靠向摆动腿，两腿同时上抬至膝盖贴近胸。谨记此时不要过分前倾身体，双腿在离落地点0.5米处时近乎伸直，继续下划双臂。可以帮助运动员在落地前更好地前伸小腿和平稳落地（图6-1-3）。

图6-1-3 蹲踞式

这种方式虽简单易懂但也存在弊端。其中影响最大的就是起跳后由于屈腿和前倾上体，重心靠近下肢缩小了旋转半径导致角速度和向前旋转的力矩较大。由于这样易前旋被迫过早地放腿，所以要格外注意立直头部和上体来保持平衡。

2. "挺身式"腾空

此种方式能充分舒展身体。当起跳呈腾空步后，展开摆动腿的膝关节，小腿随之向前、下、后沿弧形摆动，双臂也先向下、后再向前大幅度地摆动；同时起跳腿靠向正后划的摆动腿，挺身、展髋、轻轻后仰头，充分展开身体挺身（图6-1-4）。

图 6-1-4 "挺身式"腾空

在即将落地时,后摆双臂,前倾身体,快速收腹举腿,尽可能地前伸小腿,足跟先落地。要想攻克如何保持平衡的一大难点,就要在训练身体协调和保持平衡方面多下功夫。

3. "走步式"腾空

此种方式较前两种方式难度较大。结束起跳身体呈现"腾空步"时,身后的起跳腿要以髋关节为轴,上抬大腿并屈膝带动小腿前伸,同时摆动腿要以髋为轴,大腿带动小腿向下、后摆,双腿在空中完成交换动作。同时双臂为了保持平衡换步绕环(图 6-1-5)。

图 6-1-5 "走步式"腾空

空中换步后，摆动腿从后向前提拉与起跳腿靠拢走半步。整个过程就从"腾空步"开始，先放下摆动腿走第的一步，然后向前摆动起跳腿，在空中进行两腿换步走的第二步，最后屈膝前摆摆动腿与起跳腿并拢后在空中走的半步。总共是走了两步半。这就强调了运动员双臂在空中大幅度环绕和双腿的默契度。这种空中姿势一般受优秀运动员的青睐。

（四）落地

选择适合的落地技术，尽可能地扩大跳跃距离，预防伤害事故是落地的任务。主要有折叠式和滑坐式是两种落地方法。折叠式落地法是指运动员在腾空至最高点时将两腿向上、向前伸出，上体折向下，两臂从上往前并快速后摆。受跳蹲踞式和挺身式的运动员的青睐。

滑坐式落地法是在腾空最高点就开始折叠。最后前移腿和骨盆，稍微后仰上体。因落地姿势像坐着，故而得名。

两种落地方法，滑坐式略胜一筹。通过分别将两种方法适应于同一运动员进行实验证明滑坐式较折叠式落地远 20~30 厘米。

第二节 田径运动跳跃类项目技术训练

一、田径跳高类项目的技术训练

跳高训练在岁月的累积下不断摸索完善出了一套具有独特风格的体系。这离不开教练员的经验、业务水平以及运动员的心理、体能素质。其训练主要有下面几个阶段特征。

（一）阶段训练

1. 基础训练阶段（11~14 岁）

（1）任务及目标
①训练重心主要是提高速度，同时促进耐力、协调等全面发展。
②全方位教学，着重动作要领和专项基本技术教学。
③加强增强体质与发育的训练力度。
④激发运动员兴趣，利用专门手段提高其体能素质及专项机能，循序渐进，一步步提高成绩。

(2) 基本要求

①速度在此阶段提升空间最大。因跳高的每个技术环节结构不一，速度要求也不尽相同，决定了运动员的速度训练侧重点也有所差别。因此速度练习需与跳高特点相辅相成。

②训练强度符合要求，切忌超负荷训练。

③专项训练重心放在以中、短程跳高技术等基本技术的练习。要求训练多样化。

④素质训练重心应放在提高身体协调，速度及跳跃能力上。

⑤要结合运动员自身特点进行组合练习，最好带有趣味性。

2. 初级专项训练阶段（15~17岁）

(1) 任务及目标

①在提高整体素质的前提下，注重专项素质发展。注意合理分配比重。

②着重弧线助跑与起跳结合技术水平的提高。

③重视运动员技术训练，使其在训练中日益形成个人特点和技术风格。

(2) 基本要求

①着重专项素质的提高，抓住有利时机。

②加大短、中程跳高训练强度，提高专项能力。

③结合优秀运动员成长范例，培养运动员的训练热情和自觉性。

④注重培养专项能力，在不断的比赛中培养竞争意识，丰富经验，逐步提高成绩。

3. 专项提高训练阶段（18~20岁）

(1) 任务及目标

①通过练习使弧线助跑和跑跳动作更加连贯。

②加大完整技术练习强度，培养具有自己独特风格的跳高技术。

③选择符合跳高技术特点的训练方法。着重速度的提高。

④在不断的比赛中积累经验，增强心理建设和自我调整能力。

(2) 基本要求

①逐步加大训练强度。有利于运动员兴奋性的提高，刺激肌肉进行强有力地收缩。

②通过大强度的全程技术训练提高运动员技术的稳定性。

③增加提高专项素质训练水平练习。

④在大小比赛中积累经验,增强获胜欲望加强心理承受能力。

4. 高级训练阶段(21岁以上)

(1) 任务及目标

①保稳定全面身体训练水平,其中专项身体训练水平达到最高。
②不断完善自我,发挥无限可能形成独特的技术风格。
③通过大强度训练迅速掌握先进技术动作。
④不局限于小型比赛,积极参加大赛,调整状态,掌握规律。

(2) 基本要求

①在坚持一般与专门身体训练的同时加强基本技术训练强度,不仅能保持竞技能力,还能使技术更加成熟。
②恢复训练是训练的一大重点,通过合理的恢复手段恢复并提高肌肉活动能力,快速缓解运动员身心的疲劳。
③要采取适应于大强度训练的方法与手段,训练水平的提高要在素质与技术的协调发展中完成。

(二) 技术训练

技术训练要在严肃认真的同时结合运动员的不同特点,分重点培养具有其独特的技术风格。注意结合身体训练,尤其是技术细节的改进与专项能力的发展结合。要结合专门的辅助方法和简化的练习逐一改进技术细节。在大强度的完整技术的练习以及速度及力度的阶段性练习中改进完整技术。

1. 助跑

(1) 弧线跑训练

身体内倾技术是重点。包括弯道跑练习,各种半径的圆圈和弧线跑及由直道进入弯道跑练习等。

(2) 助跑准确性、稳定性训练

提前划好助跑线,或者做好每一步的标记都能提高准确性。而要想成为一名合格且优秀的跳高运动员就要做到保证几乎每次在同一位置助跑起跳,全程助跑速度,误差要控制在0.05秒以内。因此只有坚持不懈的努力和训练才能达到预想的结果。

(3) 快速助跑节奏训练

背越式跳高的核心及训练重点就在于助跑速度和节奏。提高助跑速度的方式有很多,例如通过助跑后8步计时,采用中程助跑跳远等方法。还可以进行快速助跑或助跑起跳、不过杆的训练等。

2. 助跑起跳

（1）助跑与起跳的节奏一致性训练

因背越式跳高起跳节奏的独特性，能是助跑速度发挥到最大。但同时也会对协调助跑与起跳节奏产生要求。

常见的练习方式有助跑触高、助跑跳上高架以及中、全程助跑跳皮筋（代替杆）等。

（2）起跳时蹬摆配合的协调性训练

在日常的起跳训练中切记要将摆动做到位，使蹬与摆更加协调，起跳效果会更好。

（3）控制腾起方向的训练

在垂直蹬地的瞬间，充分高摆双臂并迅速向上摆腿，呈圆柱体垂直向上腾起。可通过助跑手、头触高，助跑跳上高架，助跑起跳抓高杠等方法练习。

3. 助跑起跳过杆

（1）过杆技术训练

原地背越过杆的训练方法有，背对海绵包站于高台起跳过杆来感觉在空中挺髋、展体、过杆时肌肉的变化。或中程助跑跳上万能架。其中日常训练中可以常做挺髋、垫上仰卧成桥，后手翻以及后空翻等来体会背弓、挺髋动作。

（2）全程助跑过杆技术训练

全程助跑过杆技术要系统进行训练，逐渐增量，训练要综合全程过杆和短程过杆，同时适当安排助跑摸高、助跑跳上高架等。

（3）完整技术训练

跳高完整技术练习是必不可少，无可替代的练习，在体现真正的专项训练水平及竞争状态上具有得天独厚的优势。主要的训练方法有全程助跑摸高、全程助跑起跳坐高垫、全程助跑过杆等。

（4）大强度技术训练

在掌握正确技术的前提下，只有连续不断的大强度过杆练习，才能熟记动作，提高效率。

二、田径跳远类项目的技术训练

（一）阶段训练

1. 基础训练阶段（11~14 岁）

（1）任务及目标
①学习基本技能，学会基本动作，掌握正确跳远技术。
②训练全面，增强体质，促进机体发育。
③全面提高身体素质，提高速度、快速力量素质和灵敏协调性。
（2）基本要求
①专项训练着重于中、短程跳远技术训练。训练手段要多变。
②训练负荷基本不超过大纲规定。
③着重训练速度、快速跳跃能力和协调灵敏性。
④多参加比赛，鼓励运动员积极训练，全面协调发展。

2. 初级专项训练阶段（15~17 岁）

（1）任务及目标
①此阶段是运动员能否掌握并灵活运用技术动作，形成个人特有技术风格的决定性阶段。要注重提高技术动作的速度及效率，注意控制节奏，要结合快速助跑与快速起跳。重点放在提高运动员适应跳远动作结构和动作节奏变化和完成动作的准确度上。
②提高运动员对专业理论及技术的理解掌握，促使其自觉积极训练。
③以全面提高身体素质为前提，促进专项素质发展，提高速度和快速跳跃能力。
（2）基本要求
①此阶段是提高速度、速度力量和绝对力量的黄金时期，要在身体训练的基础上注重发展速度为核心的专项素质的提升。同时要注意快速力量及专项弹跳能力的提高。
②利用生长发育高峰期的优势紧抓时间加大训练负荷，但要注意逐渐加大专项素质训练成分。
③要随时间及能力逐步加大全程助跑跳远的训练强度，并继续注重短、中程跳远技术练习。
④积极参加各种比赛，增强竞争意识，在比赛中不断积累经验，增强心理承受能力。

3. 专项提高训练阶段（18~20岁）

（1）任务及目标

①速度训练仍是此阶段训练的核心，务必要做到快速起跳能力与速度水平相协调。要同时提高绝对速度和助跑中发挥利用速度的能力。

②积极参加比赛，并在比赛中不断提高心理素质。

③训练时完整技术练习是重点，并辅以根据运动员的不同特点为提高专项运动素质而制定的区别训练。还要记住，要逐步适应性的加大训练强度。

④继续完善快速助跑准确性和跑跳结合的自然连贯性，提高专项技能等跳远技术。

（2）基本要求

①在定量的基础上继续增加训练负荷。

②增加专项素质训练力度，尤其是跳跃能力的提高。

③增加全程技术训练力度，提高运动员技术的稳定，尤其是踏跳的准确性。

④积极参加各种比赛，在比赛中不断积累实战经验，提高心理承受能力。

4. 高级训练阶段（21岁以上）

（1）任务及目标

①此阶段对速度有更高的要求，通过运动器官的支撑缓冲能力、缓冲技巧和专项力量的提高将对速度消耗的影响降到最低。要让最后助跑与起跳形成自动化，形成自己独特的技术风格。

②专项身体素质达到最高。

③积极参加各种比赛，积累实战经验，逐步形成自己的竞争模式。

④要着重训练力度，随时准备好，要尽可能地发掘运动员的潜能。同时还要增加提高心理素质的训练力度，突出专项练习强度。

（2）基本要求

①专项能力和专项技术达到最高水平。

②有效结合比赛与训练，要在比赛中提高运动员的技术能力，要有训练服务于比赛，小比赛服务于大比赛的觉悟。

③训练时要协调素质与技术的发展，突出强度要求。

④在提高身体素质为前提，提高速度、力量素质等的专项素质。尽可能大地增加训练强度直至负荷最高值，充分激发运动员的潜能。

（二）技术训练

技术训练重心应放在完整技术训练上，并辅以分解训练。且要明确训练目的，要集中在运动员体力充沛的时候进行。要注意集中进行技术改进。

1. 助跑

（1）全程助跑训练

此项训练是助跑练习中的基本，需要运动员通过持续大力度的练习，慢慢琢磨助跑速度，步长等的变化来做到精准把握助跑技术。训练时要结合起跳，训练的关键在于助跑的末几步不减速继续前进的前提下踏板起跳。记住要在运动员体力充沛的时候进行助跑训练。只有助跑和起跳相结合才能使训练效果达到最好。但同时也要注意练习要适量，保重质量才是重点。

（2）加速跑训练

此项训练是以训练跑步节奏为主。在60~80米慢慢加速，到了最终的20米，步子要迈到最大，速度也要加到最快。记住节奏要快但动作要轻松自在，切忌明显缩短步长。

（3）加速跑训练

此项训练以练习稳定的步长为主。在60~80米从站立式开始慢慢加速，尽量做到同一只脚落在终点线外的误差不超过10厘米。这对提高运动员助跑的稳定性和准确性起到关键性的作用，可结合上一练习进行。

（4）变节奏跑训练

此项训练是以快、慢跑的节奏交替训练为主。在80~100米慢慢加快节奏，最快节奏时放松，跑10~20米后再加快节奏到最快。这有助于提高运动员在助跑最后阶段加快节奏的水平，节奏可保持在每次跑重复2~3次再变换。

（5）下坡跑接平地跑训练

此项训练主要以提高运动员快节奏攻板起跳的能力为主。通过利用2°~3°的下坡（15~210米）运动员能较轻松地达到较快的速度及节奏，等到了平地后保持速度和节奏继续跑10~20米。

（6）距离判断训练

运动员背对沙坑走到距起跳板20~30米的地方时，听从教练员发出的信号，在听到信号的同时快速转身用倒步或跨大步的方法调整距离跑向起跳板。要记住最后4~6步节奏要正常。

(7) 间隔跑训练

此项训练主要是以发展助跑节奏为主。要结合运动员的步长，用海绵块之类的材料在跑道上放 20~25 个间隔适当的标记（40~55 米），且两个标记间的距离是先依次增加，然后保持，后面的 6~8 个要依次稍稍减短。此项练习也可在助跑道进行。

同时也可通过跑的专门练习、跨栏练习、短程助跑的跳远练习等来练习助跑节奏。

2. 起跳

(1) 一、三、五步助跑连续起跳训练

此项练习主要是帮助运动员准确掌握起跳放脚、蹬摆配合、全身用力协调一致等动作。最好在较有弹性的地面练习。要求每跑一、三或五步起跳一次，这样循环连续 5~8 次。注意起跳脚要迅速放脚，迅速且尽可能大的摆动腿，协调两臂跟起跳腿蹬伸及摆动腿的摆动。

(2) 短程助跑起跳腿落在高台上训练

助跑 4~6 步后起跳，摆动腿落在高度为 50~70 厘米、距起跳点 2.5~3 米的高台上。要迅速且尽可能大幅度地摆动腿并在落到台上之前都保持腾空步姿势。

(3) 短程助跑起跳用头或手触高悬物训练

此项训练主要是为了促进运动员起跳时挺胸收腹、提肩、顶头的动作，加大起跳力量，从而提高腾起高度。助跑 4~6 步起跳，然后用手或头触距起跳点约 3 米、高为 2.20 米（用头触）至 2.80 米（用手触）高悬物。要求运动员在完成起跳的同时，在腾空步过程中上体充分伸展并挺直。

(4) 短程助跑起跳越过障碍训练

助跑 4~6 步起跳，保持腾空步姿势越过距起跳点约 3 米、高 50~70 厘米的障碍。助跑也可延长至 8~10 步。

(5) 加高起跳点起跳训练

此项训练主要是为了使运动员在助跑末步快速蹬摆，迅速前移重心。助跑 4~10 步，在高 10~20 厘米、用坚固材料制成的台上起跳。在初步练习时起跳点可高一些，然后慢慢降低直至在平地上起跳是其主要目的。

(6) 负重起跳训练

此项训练主要是为了给起跳增加难度，练习起跳力量，要注意技术动作正确完成。助跑 4~10 步起跳。通常负荷 1~5 千克（使用沙衣或沙腰带）。要注意据情况调节负荷量。

（7）短、中、全程助跑结合起跳训练

起跳的助跑距离不一，能完美结合助跑与起跳以及在水平速度不一的情况下正确完成起跳动作的能力是训练的核心。

上述所列举的（3）~（7）的训练方法腾空步动作的完成都是在起跳后，在起跳后也能完成完整的腾空和落地动作。

（8）起跳模仿训练

此项训练主要是为了帮助运动员了解正确技术概念和动作。要求运动员在走动中模仿摆动腿的摆动、起跳腿的踏板动作以及髋关节快速前移等动作。

（9）结合素质训练的起跳技术训练

此项训练是改进、掌握起跳技术的方法之一。可采用垫步跳、短助跑三至十级跳等来练习起跳技术。

3. 腾空

（1）模仿训练

把握好动作时机，协调全身是空中动作的关键。可采用原地、走动中、支撑或悬垂的腾空动作模仿练习，对形成正确的概念，迅速熟悉动作很有帮助。

（2）腾空步技术训练

腾空步是腾空姿势的开头，很影响腾空技术动作和起跳质量。此项技术既可在完整技术中注意改进也可结合起跳动作进行训练。

（3）用弹板起跳的腾空技术训练

利用此种方法可使腾空高度提高，腾空时间延长，从而为腾空动作的完成争取更多的时间。

（4）从高处起跳的腾空技术训练

在跳箱上跑1~2步起跳，目的、作用和要求同（3）。

（5）分解腾空技术训练

从腾空步起，逐个增加空中交换步直至动作完成。主要用于走步式腾空技术训练中。这由走步式技术（尤其是三步半走步式技术）的复杂性决定。

（6）短、中、全程助跑的完整技术训练

重点放在腾空技术的改进和训练上。

第七章 田径运动投掷类项目实践述论

作为田径运动中重要的一类项目，投掷类运动主要表示的是铅球、标枪、铁饼、链球等需要将器材按照标准规范的技术动作朝目标地点投掷出去的一项运动。本章论述内容主要包括两部分，一部分是田径运动投掷类项目技术动作，另一部分为田径运动跳跃类项目技术训练。

第一节 田径运动投掷类项目技术动作

本节重点介绍田径运动投掷类项目技术动作，包括推铅球技术动作、掷标枪技术动作、掷铁饼技术动作、掷链球技术动作等几个方面，具体内容如下。

一、推铅球技术动作

（一）背向滑步推铅球技术

1. 持握铅球（以右手为例）

（1）持球技术

将球固定好后放于右边锁骨外侧，紧贴右颈，右臂屈肘，手心所指方向平行于身体，从前面看右臂的上臂垂直于身体，稍稍小于直角也可以；从旁边看右肘与身体在同一平面。

右肘的姿势和球的位置使这种持球方法跟以前不同。这样持球右肘抬得较高，右侧肩膀的肌肉有明显的紧张，球的位置也较为向后。但有利于使上肢的力量得到充分的发挥（图7-1-1）。

图 7-1-1 持球技术

(2) 握球技术

将铅球放在自然张开的食指、中指和无名指的指根处,两侧用大拇指和小指自然扶住,手腕自然背屈。目的是将铅球固定在手里。如果手劲儿不够大可以尝试将食指、中指和无名指并拢或者五根手指同时并拢(图7-1-2)。

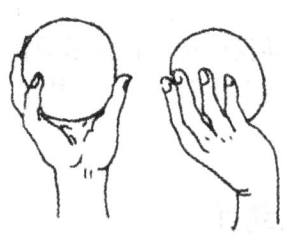

图 7-1-2 握球技术

2. 预备姿势

端正动作。可简单概括为"横平竖直",即肩横轴、髋横轴要平,脊柱(身体)要直。具体来说就是右脚背对投掷方向站立,挺直右腿,重心放右脚。左脚放于右脚后,距右脚20~30厘米的地方,左腿稍弯,左脚脚尖着地。肩横轴及髋横轴垂直于投掷方向,平行地面,挺直颈部,切勿歪头。站立姿势端正,眼睛朝前下方看,左臂向前自然伸出。

"横平竖直"贯穿技术完成的全过程。谨记动作准确,容不得半点马虎。俗话说,好的开始是成功的一半,只有预备动作做到位,才能为后面的一系列动作打好基础、做好铺垫。

3. 团身动作

为了更好地维持平衡应注意先屈体后屈膝。具体就是前俯上体，同时下垂左臂并向后上方摆左腿至与身体处于同一直线，记住动作要慢。弯右膝撤左腿，降重心至呈团身姿势，注意动作要平稳自然。此时重心在右脚前脚掌，右脚背对投掷方向，屈右膝约100°，右膝前端过右脚脚尖；左腿在右腿后，左脚脚尖着地，左膝贴近右小腿。从身侧看，肩横轴和髋横轴的连线平行或与地面成一定的角度，适当放松背部肌肉，自然下垂或伸向投掷反方向，保持右臂动作，眼睛朝前下方看。

还有一种简化滑步前动作的现代直滑式：先岔开双脚，背对投掷方向站立，对齐脚尖或稍微分开，前俯上体，双膝弯曲降低重心，上体大致平行地面，自然垂下左臂，左手几乎触地，但要注意手触地犯规，重心放在前脚掌。

团身动作是滑步前的准备动作。其必要条件是保证正确姿势，维持平衡。

4. 滑步动作

开始滑步时应尽量将重心向投掷方向快速水平移动，左腿踹向抵趾板，左脚贴地面滑动。同时左臂摆向投掷反方向或身体右侧，上体保持姿势。左脚脚背朝下，当距投掷圈直径约3/4距离时做一个外翻，最终落在抵趾板中偏左的地方，且左脚纵轴要与投掷方向约成90°~100°角。从旁边看，踢出左腿后，左脚到左肩在同一直线。右腿配合左腿蹬伸，重心移到脚后跟，右脚脚跟滑步，为了避免重心过度向上，切勿伸直右膝。尽力岔开双腿，伸展髋部，然后快速自然地收回右小腿，内扣右脚，落点靠近圆心，右脚的纵轴要跟投掷反方向的夹角最小不能超过20°。

左脚纵轴与投掷方向在双脚落地后成90°~100°角；左腿用力伸直，左脚外侧抵住抵趾板中偏左处；弯右膝成110°~130°角；右脚脚跟不落地，重心放在前脚掌，与左脚尖在投掷方向正中间的直线上；内扣右脚20°~45°；髋、肩横轴保持水平，其中肩横轴还要垂直于投掷方向；双肩伸展向投掷反方向；左臂伸向后下方，右臂保持动作；身体与地面的夹角尽量小于60°；眼睛看右向投掷圈后的前下方。

注意滑步时重心要平行地面平稳移动。要求有经验的运动员滑步时臀部向后下方运动。

5. 最后用力

滑步结束左脚落地，左腿保持伸直，随重心前移，由于左腿过于紧张导致左膝先微屈再伸直，左腿用力蹬伸。右脚跟不能落地，右膝水平向前运动，右腿侧蹬并转动。右小腿贴近地面时右腿用力蹬伸；上体在下肢活动和重心前移中，由向后伸展的背面转成侧面，身体成侧弓形。从滑步右脚落地到身体侧弓的过程又被称为蓄力阶段。此阶段又可分为右脚落地—左脚落地和双脚落地形成双支撑—形成侧弓两个小阶段；侧弓后身体继续向前，逐渐突出髋部，身体迅速成正弓形，身体摆正时铅球要从颈部扔出（图7-1-3）。

图 7-1-3 最后用力

从蓄力阶段开始到成正弓形，左臂是从身体左上方沿弧线到左肩下方摆动。左肩微转向前至铅球抛出。要注意切勿刻意的下压和后拉左肩。最后用右手自然拨球。整套动作要行云流水。

铅球要以约37°角抛出。注意抛出时要面向投掷方向抬头挺胸，伸直右臂；一定要蹬直左腿，蹬伸右腿；左手不能高过左肩，左臂放于身体同侧；左侧的踝、腰、膝、肋、髋、胸、肩形成有力支撑。

6. 维持身体平衡

抛出铅球后，身体会因惯性失去平衡，易出现跌倒或出圈犯规。为了避免这种尴尬可以通过及时换腿改变方向、降低重心、迅速后退左腿等方法来维持平衡。

（二）背向旋转推铅球技术

1. 持握铅球（以右手投掷为例）

背朝投掷方向，岔开两脚宽于肩，上体稍往前屈，持球的手肘部外展与肩齐平，右肘在体侧与肩轴成一线，这样能对抗铅球的离心力，更好的控制铅球。

2. 进入旋转

上体先大幅度右摆，再以左侧身体为轴，左侧的脚、肩、膝开始左转。右脚晚点离开支撑点。躯干略微向投掷方向前倾，微屈右腿向前迈出，左脚蹬离地面。

3. 腾空动作

在重心从左腿转向右腿的过程中有十分短暂的腾空，右脚要平稳落地。

4. 过渡动作

右脚前摆落地，前脚掌不断的转动。左脚快速落地，视线稍向下，移向投掷反方向，慢慢转动头与肩，右侧的脚、膝、髋转向投掷方向，交叉扭紧髋轴、肩轴。旋转着地点和双脚方向。

5. 最后用力

除用力过程双脚间距小，向上动力较大之外，大致与滑步推铅球相同。

6. 维持身体平衡

大多在抛出铅球后交换双腿，左转身体并降低重心来减缓转动动量和向前冲力。

旋转推铅球技术虽复杂，但优点很多，大致可分为下面几个。

(1) 动作不易停顿,能顺利连贯地完成整套动作。

(2) 为铅球获得加速度的距离加大,能获得更大的动量,为中小身材的运动员提供了机会。

(3) 可以快速拉长躯干肌群,能让运动员更好的发挥躯干、肩部和投掷臂肌群的力量。

二、掷标枪技术动作

掷标枪技术较为复杂,可分为持握标枪、助跑、最后用力、维持身体平衡等几个技术阶段。

(一) 持握标枪(以右手投掷为例)

(1) 持枪。有肩上持枪法、腰间持枪法等持枪方式。

肩上持枪法:标枪举于肩上,略高于头,标枪尾部略高于尖部。这样有利于引枪。还可以把标枪放在右耳际处,枪身平行于地面,大幅度弯曲大小臂。这样有利于稳定标枪,但投掷臂较紧张(图7-1-4)。

图 7-1-4　肩上持枪法

腰间持枪法:标枪放在腰侧,持枪助跑时前后摆臂,枪尾朝前,进入投掷步后翻手将枪尖对准前方引枪。有利于速度的发挥。

还有一种在助跑前半程腰间持枪,后半程肩上持枪,投掷步引枪的多种综合方式持枪助跑。便于前半程提速,后半程引枪。

(2) 握枪。主要有普通式握法、现代式握法两种握枪方式。

普通式握法:食指和大拇指握住绳把末端第一圈,剩余的手指自然握住绳把(图7-1-5)。

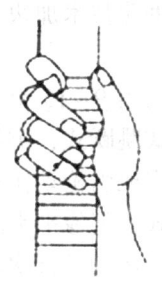

图 7-1-5 普通式握法

现代式握法：标枪斜握在掌心，中指与大拇指自然握住标枪绳把末端首圈上方，无名指与小指握绳把，食指自然贴标枪上（图 7-1-6）。

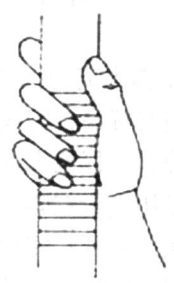

图 7-1-6 现代式握法

普通式握法动作自然；现代式握法能增加投掷距离，以较大的力量投出标枪。无论什么握法都要放松手腕，要使标枪沿纵轴旋转飞出，稳定滑翔。

（二）助跑

助跑有预跑（持枪跑）和投掷步两种。能预先给器械获得初速度，能更好地引枪和超越器械。

（1）预跑。通常情况下掷标枪要助跑 25~35 米。其中从第一标志到第二标志约有 15~20 米的预跑距离。

在预跑段，上体略前倾，前脚掌着地，高抬大腿蹬伸，要有节奏的助跑。协调配合双臂和双腿，适当抬头平视前方。要慢慢加速，控制步长。

研究表明，运动员最快速度的 60%~85% 就是掷标枪助跑的适宜速度。但初学者要随熟练度慢慢提速。

（2）投掷步。是指从第二标志到投掷弧间的预跑加速到最后用力直至投出标枪的助跑。通过独特的助跑技术加快下肢动作，快速完成引枪，并超越器械。

通常情况下，投掷步男子约需9~15米，女子约8~13米。有跳跃式和跑步式两种形式。第一种形式跳跃式，类似于弹跳步。由于双腿用力蹬伸，腾空时间较长，能更好地完成引枪动作和超越器械。切忌高跳，影响动作的连贯。第二种形式跑步式，就像平常跑步，身体平直快速向前，但不易形成超越器械。如今，大多运动员喜欢前两步跑步式，第三步跳跃式的"混合式"投掷步。

下面我们具体分析一下最常用的四步投掷步。一般情况下第一、二步较快，第三步稍慢，第四步最快。

第一步是左肩向前，左脚踩第二标志，右肩随右脚前迈后撤，手臂沿身体贴近胸向后引枪，没有完全伸直右臂。平视前方，左臂自然放到胸前，枪尖几乎与左肩齐平。

第二步左脚脚掌落地。左脚先离地前迈，髋随之慢慢右转直至朝前。后撤右肩，向后伸直右臂至肩膀等高，完成引枪。注意枪尖的高度要控制在右侧眉弓，接近右小臂的位置。标枪纵轴与投掷方向同向。

第三步是交叉步，是通过用力蹬左脚，大幅度迈右腿，使躯干和上肢落后于下肢，增大躯干向后倾斜幅度，髋轴超过肩轴来实现超越器械。

只有身体在右腿随蹬左腿前摆时，应侧对投掷方向，平视前方扭紧髋、肩轴，完成交叉步。注意应右脚脚外侧落地且脚掌应与投掷方向成约45°角，将大部分重量落在右腿。

第四步即最后一步，其难度系数也是最大的。当第三步的右脚着地后，身体向后倾，右腿也因重心被迫弯曲。而左腿则顺惯性积极迈出，切忌高抬左大腿，平稳的将左脚向左前方距右脚落地点20~30厘米处落下。其中左脚脚尖与投掷方向夹角约为20°。

（三）最后用力

第三步右脚落地后，身体因惯性继续向前，在左脚未落地而重心越过了右脚支撑点上方时，用力蹬右腿。左腿在左脚落地后控制动作，上体加速向前运动。保持右腿蹬地，右髋迅速向前直至髋轴超过肩轴，并向前带动肩轴。投掷臂在转动肩轴的瞬间迅速上翻，形成"满弓"姿势。与此同时投掷臂与肩齐平放背后，几乎垂直于躯干。标枪放后肩上，枪尖朝前，掌心朝上。在形成"满弓"后，尽力将投掷臂放背后，继续向前运动胸部，尽可能的舒展右肩肌肉。左腿因惯性被迫弯曲要立即用力蹬伸，同时投掷臂向前做激烈的"鞭打"，要注意用力的方向需过标枪的纵轴。

要合理的完成最后用力。人体在参与用力各环节肌肉群严格按顺序自下而上用力,人体各环节依次加、减速,形成了一个完整的运动链,并使出手速度到最快(图7-1-7)。

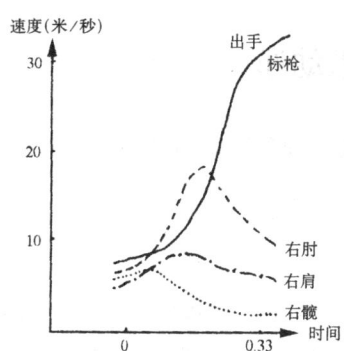

图7-1-7　最后用力阶段身体各环节的速度变化

助跑与最后用力的衔接动作越来越受重视。切忌交叉步时过高腾起,左脚要在随右脚落地迅速下落,记住用力支撑以及制动。最后用力连续动作过程如图7-1-8所示。

图7-1-8　最后用力

(四)维持身体平衡

掷出标枪后,结束动作是保持平衡。为了预防犯规,右腿应在掷出标枪后迅速前迈并降低重心保持平衡,最后一步左脚落地点至投掷弧的距离应控制在 1.5 米~2 米之间。

标枪沿纵轴旋转前飞。因在空中稳定飞行，有时标枪自转还可延迟落地。标枪自转速度为 20~25 周/秒，飞行时间为 3.5~4.5 秒。

三、掷铁饼技术动作

掷铁饼技术包括握法、预备姿势与预摆、旋转、最后用力和维持身体平衡等环节。

（一）握饼

5 指自然分开，拇指和手掌平靠铁饼，其余 4 指末节扣住铁饼的边缘，手腕微屈，铁饼上缘靠于前臂，铁饼的重心垂线在食指和中指之间。铁饼握好后，持饼臂自然放松下垂于体侧（图 7-1-9）。

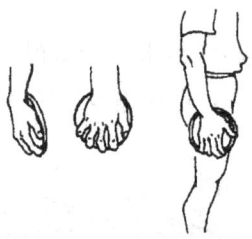

图 7-1-9 握饼方法

（二）预备姿势和预摆

（1）预备姿势。背对投掷方向，两脚左右分开比肩略宽，平行站立于投掷圈中线的两侧，两膝微屈，身体重心落于两脚之间，身体放松，眼睛平视。

（2）预摆。旋转前预摆 1~2 次，预摆的任务是为顺利完成旋转动作创造有利条件，使投掷者获得最有利的工作状态。常用的预摆方法有两种：

①左上右后摆饼法（图 7-1-10）：预备姿势站好后，持饼臂在体侧前轻微摆动，当铁饼摆到体后时，右腿蹬地用躯干带动持饼臂向左上方摆起，体重移向左腿，身体稍左转，为防止铁饼脱手，左手可在下面将铁饼托住。回摆时，躯干带动持饼臂把铁饼摆到身体右后方最大限度的部位，身体向右扭转，随着摆饼动作体重又移到右腿上，上体稍前倾，两腿微屈，左臂自然屈于胸前，眼平视。此种方法较为简单易学，多使用于初

学者。

图 7-1-10　预摆

②体前左右摆饼法（图 7-1-11）：预备姿势站好后，持饼臂在体侧前后轻微自然摆动，当铁饼摆到体后时，体重移向右腿。然后，躯干扭转带动放松的投掷臂经体前向左摆动，当铁饼摆至身体前面时，持饼手掌逐渐翻转向上，右肩稍前倾，体重靠近左腿，然后将铁饼向身后回摆，持饼手掌逐渐翻转向下，体重由左向右移动。右腿弯曲，同时上体向右充分转动，使身体形成扭转拉紧状态。

图 7-1-11　预摆结束时身体的扭转拉紧状态

不论采用哪种方法，在预摆过程中，都必须做到平稳、协调、放松而自然。以躯干的转动带动投掷臂摆动，合理地移动身体重心，加大摆饼幅度，预摆结束时身体要充分扭紧。

（三）旋转

旋转的任务是使人体和铁饼在最后用力前获得一定的预先速度，形成最后用力前有利的身体姿势，为最后用力创造良好的条件。良好的旋转投掷比原地掷成绩可提高 6~12m。旋转是从预摆结束开始至旋转后左脚着地为止。

预摆结束时，身体处于扭紧状态，重心落在右腿上，随后双腿屈膝支撑转动髋部，带动上体起动旋转，左臂伸展向投掷方向转动，身体重心由右腿逐渐向边屈边转的左腿移动，左前脚掌领先积极外转。同时，重心下降，身体随之转动，头部稍领先于肩轴向投掷方向转动，左脚尖转至与投掷方向约成45°角时，右腿向左稍加转动，但不离地，使右大腿内侧肌群处于适度拉长状态，为右腿蹬离地面进入摆动做好准备。

当左膝、左肩和头继续向投掷方向转动时，左膝弯曲"前项"，左肩在左膝上方沿较大弧线向投掷方向转动，使左肩、左脚形成的左侧转动轴逐渐向圆心倾斜，以便向前旋转。右脚离地后，靠近地面，膝关节微屈，以大腿带动小腿围绕左腿向投掷方向做弧形大幅度摆动。当身体重心通过弯曲的左腿时，左脚稍蹬地，推动身体重心向投掷圈圆心移动，同时右髋转扣，右腿向圆心摆动。

左脚蹬离地面后，进入腾空阶段，右髋右腿快速内转下压，同时左腿屈膝积极向右腿靠拢。此时左肩内扣，上体保持微收腹前倾姿势。

腾空结束后，右腿以前脚掌内侧落在投掷圈圆心附近，右脚着地时，左肩位于右膝上方，左臂保持自然伸展内扣姿势，躯干扭紧，此时铁饼被远远留在身体后上方。右脚落地后要不停顿地转动，推动右髋向投掷方向转动。在右脚支撑旋转时，左腿在髋部带动下，屈膝靠近转动中的右膝，由后向前快速向靠近投掷圈前沿落地。

（四）最后用力和维持身体平衡

最后用力是从左脚着地瞬间开始到铁饼出手结束。

最后用力是掷铁饼技术的主要环节，其主要任务是紧密衔接旋转动作，充分利用旋转的动量和形成的最后用力前的有利姿势，把全身力量通过投掷臂和手集中于铁饼上，使铁饼获得最大的出手速度和最适宜的出手角度，从而获得最佳的投掷效果。

左脚以前脚掌内侧落于投掷圈投掷方向中线左侧，靠近投掷圈前沿的位置。此时重心在右腿上，人体肩轴和髋成交叉扭紧状态并充分超越器械。左脚的着地开始了稳固的双腿支撑用力阶段。此后右腿迅速蹬转，重心向左腿移动，同时左臂屈肘协同左肩向投掷方向牵引，头部稍向左转，当左肩前侧对准投掷方向时，左肩立即制动，以形成牢固的左侧支撑。右腿此时则以蹬伸为主，配合左腿向上用力，向前送髋。此后肩轴追赶髋轴，躯干充分伸展，以胸带臂快速完成挥臂鞭打动作。铁饼出手瞬间，无名指、中指、食指做拨饼动作，使铁饼在空中按顺时针方向平稳地旋转飞进。铁饼出手高度约与肩同高，出手角度为35°左右。铁饼出手后，为避免犯规，要及时交换两腿，降低身体重心，并顺惯性作用向左转，以维持身体平衡，掷铁饼完整技术示意图（图 7-1-12）。

图 7-1-12　掷铁饼完整技术示意图

四、掷链球技术动作

通常把掷链球技术分为握持链球、预备姿势、预摆、旋转、最后用力和维持身体平衡 5 部分。

（一）握持链球

投掷链球时，通常采用扣锁式握柄方法（以向左旋转投掷为例）。这种方法是将链球的把柄放在左手食指、中指和无名指指节末节，手指关节弯曲成钩形，勾握把柄，掌骨关节相对伸直，右手指扣握在左手指的指根部，右手的拇指扣握左手食指，左手拇指指面握右手拇指，两拇指交叉相握，成扣锁式握法（图 7-1-13）。

图 7-1-13 握球的方法

（二）预备姿势

运动员背对投掷方向站立在投掷圈后沿，两脚开立，距离同肩宽或略宽于肩，以适应运动员预摆和进入旋转为度。左脚站于靠近投掷方向中心线，右脚稍远。两膝关节弯曲，向前倾向右转，体重稍偏右，链球放在圈内身体右后方，两臂伸直（图 7-1-14）。

图 7-1-14 预备姿势

（三）预摆

预摆是从预备姿势开始，链球绕人体纵轴由高点到低点的椭圆形运动。其目的是使链球获得适宜的预先速度，为平稳地进入第一圈旋转创造有利条件。投掷者一般采用两周预摆。

第一周预摆动作是从两腿蹬伸、上体直立左转拉伸两臂开始，使链球从身体的右后方沿向前—向左—向上的弧线运动。随着链球向前移动，体重逐渐从右腿移向左腿。当链球摆在体前、肩轴与髋轴相平行时，两臂充分伸直，随后链球向左上方运动。当链球摆到左侧高点时屈两肘，两手位于额前上方，当链球通过预摆斜面高点后，两臂逐渐伸直，体重移向右腿，左膝稍屈，肩轴向右自然扭转 70°～90°。此时链球由上经身体右侧向下摆至低点，然后紧接着开始第二周预摆。第二周预摆链球运动斜面一般与地面的夹角较小，速度加快，幅度增大。对人体的拉力也相应增大。

（四）旋转

当预摆最后一圈链球运行至中心线时，肩轴与髋轴平行，投掷者两膝弯曲，重心降低，两臂伸直成等腰三角形，两脚用左脚前掌与右脚前掌内侧支撑转动，待链球向左上方高点移动时，重心左移，右脚蹬离地面进入单支撑旋转。

旋转是掷链球的关键技术环节。通过旋转器械获得较大的运行速度，积累动量，并形成良好的超越器械动作，为最后用力创造有利条件。

第一圈旋转是接最后一周预摆开始的，当链球摆至身体右侧与肩平时，两腿弯曲，两臂伸直，球随盆骨与上体左转。当球运行至身体前方（中心线）肩轴与髋轴平行时，向左转髋，同时两脚开始左转，左脚以前脚掌、右脚以前脚掌内侧支撑地面，分别左转约90°和60°，上体随之向左转90°；伸直的两臂随着身体的左转大幅度地将球送向左上前方，右脚随即蹬离地面，右腿屈膝靠近左膝，主动绕左腿旋转，身体重心移至左腿，进入单支撑转动阶段。此时，要特别注重重心的跟进，右脚要积极地蹬离地面，抬向左腿，使身体很快进入以左肩至左脚为垂直轴的转动。在球超过高点时，左脚积极转动，左膝加大弯曲并下压，右腿配合左腿积极下压，右脚掌在指向270°的方向处积极着地完成第一圈的旋转。单支撑阶段的旋转，骨盆和两腿、两脚要特别主动，使链球在高点运动时能放出去，从高点向低点运行时能把链球拉回来，完成超越器械。

第二、三圈旋转与第一圈旋转有不同的要求，但动作的基本结构相同。后3圈旋转主要是给器械加速人带球转，球体运行斜面逐渐加大，髋要挺出去，使球沿左肩至左脚的垂直轴稳固加速旋转。

第四圈旋转是从第三圈旋转右脚着地开始。随链球加速下行，两脚和髋左转约80°，由于离心力继续增大和转速的进一步加快，链球的低点左移约40cm，使链球的低点，处于身体的正下方。第四圈双支撑更加短暂，髋部前挺，紧接着就是左脚和右脚的旋转进入单支撑阶段，链球更早地进入上行路线。随链球上行、右膝上抬内扣且靠近左膝，进入以左脚外侧支撑的单脚支撑阶段，链球斜面比第三圈又升高。左脚外侧向左脚掌的旋转提前，左膝弯曲下压，在链球通过高点下行时，左膝蹲得较深。由于离心力的加大和转速的加快，躯干左倾角度加大，右脚着地更早（右脚着地约与左脚弓平行），此时身体处左倾状态（图7-1-15）。

图 7-1-15　4 圈旋转掷链球技术示意图

现代掷链球旋转中 4 圈旋转与 3 圈旋转的技术结构基本相同，只是 3 圈旋转技术中的第一圈旋转节奏较快，4 圈旋转技术链球运动轨迹较长。4 圈与 3 圈旋转技术的共同点是链球轨迹的斜面第一圈都较平展，以后几圈旋转轨迹的斜面逐渐加大直到出手。

（五）最后用力

最后用力是掷链球技术的主要组成部分，直接关系到出手速度、角度和出手高度。最后用力是从最后一圈旋转单支撑阶段结束，右脚着地后开始的。最后一圈右脚着地，下肢动作充分超越上体和链球，髋轴与肩轴最大限度地扭紧，两肩两臂充分伸展，链球处在远离身体的右后上方，双膝弯曲，身体重心稍偏左。由于最后一圈转动速度较大，链球变速向下运行，身体重心右移，腰部与躯干带动链球向左扭转。当链球运行至身体的右前侧时，身体重心移至双腿，弯曲的双膝开始蹬伸，身体重心左移并升高，链球沿身体左侧弧线上升。此时左侧做强有力的支撑，右脚左转蹬送，躯干左转挺伸，头部后仰，当链球快速运行上升至左肩高度时，两臂挥动将链球顺运行的切线方向和理想角度掷出。

（六）维持身体平衡

为保持身体平衡和防止犯规，链球出手后要转体换腿，降低身体重心。

第二节　田径运动投掷类项目技术训练

本节主要介绍田径运动投掷类项目技术训练，包括推铅球技术动作、掷标枪技术动作、掷铁饼技术动作、掷链球技术动作等几个方面，具体内容如下。

一、推铅球技术训练

（一）阶段训练

1. 基础训练阶段（8~12岁）

（1）任务及目标
①开始接触专业技术，培养兴趣。
②练习跑、跳等多项动作，熟悉背向滑步推铅球完整技术。
③身体素质全面发展，速度、爆发力和柔韧性等优先发展。
④进行身体全面训练，促进身心全面发展。
（2）主要内容
①明确主要练习手段概念。
②促进速度、柔韧、爆发力等能力的提高。
③加强原地及滑步推铅球练习力度。
（3）基本要求
①注重意志及动机培养。
②结合分解和完整练习，体会用力顺序及动作结构，提高效率。
③手段多样化，重视基本技能、心肺功能发展。
④提高速度、弹跳、柔韧等能力。

2. 初级专项训练阶段（13~14岁）

（1）任务及目标
①改进和完善完整技术是重点。
②在拓展各项身体素质的基础上，促进专项素质发展。
③提高心理素质。
④熟练掌握背向滑步推铅球。

(2) 主要内容

①注重训练爆发力。

②促进身体素质全面发展，注重弹跳力和速度的提高。

③加大分解、完整技术练习幅度。

(3) 基本要求

①全面提高身体力量，重点是快速力量和速度。

②促进全面素质与专项素质共同发展。

③注意完整技术中的技术衔接与动作节奏的明显性。

3. 专项提高训练阶段（15~17岁）

(1) 任务及目标

①重视背向滑步推铅球完整技术，形成独特的技术风格。

②促进全面素质与专项素质全面发展。

③增强心理承受能力与自我调节能力。

④多参赛，积累实战经验。

(2) 主要内容

①勤加练习投掷。

②一般力量和增强爆发力的训练力度大。

③结合自身素质有侧重地提高速度及弹跳力，攻克不足。

④有规律地增加训练强度，多参赛。

(3) 基本要求

①完善完整技术，动作节奏加强，动作自然衔接，协调稳固。

②促进全面训练与专项能力全面发展。结合快速和绝对力量。

③学会自我分析，结合理论与实际。

④通过多参赛提高自控和抗干扰能力。善于总结经验教训。

（二）技术训练

推铅球通过实施训练方法和手段获得能量，实施训练方法和手段应以推铅球能力为中心。训练方法具体有：

(1) 岔开双脚与肩同宽，撑好下肢，微微右转上体，前转推球。

(2) 岔开双脚与肩同宽，微微弯两腿，右手持球放锁骨窝，两腿蹬地，右肩快速越过左肩推出球。

(3) 左脚在前、右脚在后站立，正面推铅球。

(4) 背向投掷方向，左腿后摆，落左腿练习背向推铅球。

(5) 加强连续滑步及连续滑步推铅球的训练。

(6) 手扶微倾上体，右腿前，左腿后站立练习后收右小腿。

(7) 腿和背部肌肉推球时向球运动方向练半背向原地推铅球。

(8) 增加推铅球练习强度，注重完整技术速度和节奏练习。

二、掷标枪技术训练

（一）阶段训练

1. 基础训练阶段（8~12 岁）

（1）任务及目标
①激发兴趣，注重意志培养，熟悉基本技术。
②促进身体素质全面发展，使身体健康发育。
（2）主要内容
①重视身体素质全面发展及柔韧度，速度等专项素质的发展。
②重点教授投垒球或手榴弹技术，多练习，尤其最后用力动作。
（3）基本要求
①教学循序渐进，利用投掷轻器械提高快速投掷能力。
②重视膝、腰、肩等部位肌肉力量的训练。

2. 初级专项训练阶段（13~14 岁）

（1）任务及目标
①熟悉原理及技术特点，促进专项素质及能力的提高。
②促进身体素质全面发展，提高心理素质和学习积极性。
（2）主要内容
①以熟练基本技术为主，加强完整技术训练为辅，不断完善技术，促进身体素质和专项素质全面发展。
②多做模仿训练，以短程助跑做出手或不出手投掷动作。
③将投掷步的第三、四步与原地、上步相结合。
（3）基本要求，
①继续增强快速投掷能力，巩固完整技术，逐步用力。
②继续促进身体素质全面发展，重视弹跳能力的发展。

3. 专项提高训练阶段（15~17 岁）

（1）任务及目标

①进一步熟悉研究技术，进一步提高身体全面素质和专项素质。
②重视心理素质的培养，巩固完整技术，提高积极性。
（2）主要内容
①促进身体素质与专项素质共同发展，有计划地参赛。
②完整技术训练为主，辅以基本技术训练。
③完美结合短、中、全程助跑投掷标枪，提高助跑与控枪能力，不断提高速度，动作协调连贯及节奏性。
（3）基本要求
①慢慢给器械加重，增加投掷强度，在不断参赛中提高能力。
②掌握全程助跑投掷技术。

（二）技术训练

掷标枪运动技术训练具体表现如下：

1. 基本技术训练

（1）利用讲解，亲身示范，图片、影像等给运动员直观感受。
（2）练习标枪助跑和原地或上步的引枪。
（3）结合引枪与投掷步第一、二步及与第三、四步练习
（4）练习模仿最后用力及结合练习投掷步与助跑。
（5）练习标枪及练习持枪跑，结合引枪做连续交叉步。
（6）练习短、中、长距助跑投掷标枪及原地侧向投掷标枪。
（7）右手持枪，左手握枪尖做蹬腿、送髋的大前提下，形成"满弓"或向前振胸或出枪。
（8）熟悉掷标枪的完整技术。以中、大强度投掷标枪，检查技术熟练情况。

2. 重点技术训练

不断完善助跑后段的投掷、最后用力技术提高练习者自控能力。
（1）投掷步技术
投掷步即指不减速引枪、交叉步，完成用力投掷前的完美姿势。注意交叉步接最后用力，要在快速的助跑中准确完成动作。具体训练内容如下：
①提高投掷步技术和加速能力
投掷步是助跑的后半程，在5~7步的距离内完成向后引枪、交叉步和用力掷出的衔接步，还要加速完成。主要有原地向后引枪，上步引枪，

跑动中向后引枪和完成引枪后加上交叉步，动作连贯自然四种方法。

②选用适合运动员特点的投掷步方式

主要根据练习者投掷步时跑的方式的不同来划分投掷步的完成。主要有节奏感较强的跳跃式，加速感弱的跑步式和动作放松，节奏自然的混合式三种。

③加强投掷步的节奏训练

大多数教练员和运动员认为最理想的投掷步节奏很难实现。应在投掷步节奏训练中重点抓投掷步长比例。

（2）最后用力技术训练

最后用力训练是技术训练的重中之重。要明确最后发力时机，最后用力顺序及选择适合自己的用力方式。其中，常见的最后用力方式有为了加强用力距离的转体为主的用力方式，超90°转体的用力方式和动作简单，易于控制的收腹前扑为主的用力方式三种。其中，前两种方式有在最后用力时，能充分发挥转体和下肢力量的优点，但因右转躯干或右转超90°为用力增加了难度。第三种方式适应于腰力臂力强，肩带柔韧性好，又不善于转体投掷的运动员。

三、掷铁饼的技术训练

掷铁饼运动员要达到高水平的运动成绩，必须从少年阶段抓起。

要根据青少年特点精讲多练，充分发挥青少年模仿能力强的特点，帮助青少年运动员学习和掌握规范的运动技术。

青少年技术训练应以基本技术训练为主，保持青少年自然合理的动作，着重培养运动员控制铁饼、协调用力投掷和放松能力，形成正确的技术空间结构和快速节奏。

（一）掷铁饼技术训练应遵循的原则

（1）基本技术训练要长年坚持，常抓不懈。

（2）在基础训练阶段，技术训练所占比重不得少于15%。

（3）运动员兴奋性过高或过低时，不宜学习新技术或改进技术。

（4）技术训练优先。在一个训练单元中，应先进行技术训练，然后再进行其他内容的训练。

（5）对有一定训练水平的运动员，必须根据其个人特点抓住技术重点训练，保证训练质量和效果。

（6）对青少年初学者要高度重视基本技术的训练，要求他们严格按照完整技术的结构、速度节奏去做每一个练习。

（7）在基础训练阶段应以投掷轻器械为主，投掷轻器械应快于投掷标准器械时的速度和节奏。一般在技术较稳定时才旋转投掷重器械，否则会破坏技术动作和节奏。

（二）掷铁饼技术训练的主要手段

1. 掌握基本技术的练习

（1）徒手或持器械做最后用力模仿练习。
（2）徒手或持器械做进入旋转和旋转模仿练习。
（3）持铁饼做摆饼、滚饼、抛饼、预摆等熟悉铁饼性能的练习。
（4）徒手、双人、扶肋木做各种转髋、转体、扩胸、摆腿、旋转练习。
（5）徒手或持轻辅助器械做预摆、原地投、旋转和旋转投的模仿练习。

2. 掌握和改进旋转技术的练习

（1）徒手或持器械做各种旋转模仿练习。
（2）原地站立做180°、360°的旋转练习。
（3）肩负竹竿做旋转练习，体会肩轴与髋轴在旋转中正确的超越关系。
（4）徒手或持轻器械，以左腿为轴旋转360°，体会以左侧为轴的旋转动作。
（5）做正面跨步与侧向旋转投掷练习，体会转换与最后用力的连贯、衔接。
（6）做徒手双腿支撑起转模仿练习，体会身体重心的移动和左腿屈膝转动，保持好上体和肩臂的移动路线。
（7）扶栏杆做转髋练习。左手侧扶栏杆，然后向前摆腿转髋和转体360°，右手扶栏杆成最后用力预备姿势。
（8）侧向前进方向站立，右臂预摆后向前进方向手续旋转，后半圈时加快腿和髋的转动速度，形成最后用力前的预备姿势。

3. 掌握并改进旋转和最后用力衔接技术的练习

（1）做正面旋转向投掷网掷铁饼练习。
（2）徒手或持辅助器械做正面旋转投掷模仿练习。

（3）徒手或持辅助器械体会右脚落地至左脚落地的动作。

（4）利用轻器械做完整技术练习，经常投掷1kg的铁饼或其他轻器械，培养速度感和节奏感。

4. 掌握和改进最后用力技术的练习

（1）原地投掷实心球、沙袋、小铁球或铁饼的练习。

（2）徒手原地做最后用力阶段的右腿、右髋转蹬练习。

（3）坐或站立，单手经体侧向不同方向掷实心球、沙袋、小铁球的练习。

（4）负重或双人对抗（给上体以适当的阻力）练习，做右腿屈膝转蹬动作。

（5）听信号投掷铁饼练习。背向持饼，听信号后迅速转髋90°，顺势掷饼。

（6）拉橡皮带练习。侧向站立，右手握橡皮带，然后转髋、转体拉紧橡皮带。

（7）鞭打标志物练习。手持橡皮管快速挥臂鞭打标志物，体会最后用力动作。

（8）右侧对投掷方向，预摆后左腿后撤，屈右膝单腿支撑转动成左侧对投掷方向，不停顿地接双腿支撑用力掷饼。

5. 完整技术练习

（1）利用投掷网做旋转掷铁饼练习。

（2）在投掷圈内做旋转掷铁饼练习。

四、掷链球的技术训练

现代掷链球已由力量型转为速度力量型，要求掷链球运动员必须具有很强的加速能力、控制快速旋转所产生的离心力和维持身体平衡的能力。

（一）技术训练的主要任务

（1）掌握新的掷链球技术。

（2）发展专门快速力量素质。

（3）复习与巩固已经掌握的掷链球技术动作。

（二）技术训练的原则

（1）长期性原则。不间断地进行投掷练习，才能不断强化已掌握的技术动作。

（2）技术训练优先。在一个训练单元中，应先进行技术训练，然后再进行其他内容的训练。

（3）追求正确率。在技术训练中，错误动作每多出现一次，错误动作就会被强化一次，一旦错误动作被巩固，改正它要比学习新技术难得多。

（4）适宜兴奋性。运动员兴奋性过高或过低时，不宜进行新技术学习或改进技术，否则效果将适得其反。

（三）掷链球技术训练的主要手段

（1）分解完整技术的模仿练习。

（2）用加力帮助的形式强化运动员的投掷感觉。

（3）观看、分析以及比较优秀运动员和自己的投掷技术录像。

（4）学习专项技术理论。掌握专项知识越多，就越容易理解投掷技术的内涵。

（5）念动训练。头脑中经常回想正确投掷技术过程，有助于技术动作的掌握和巩固。

（6）专项诱导练习。专项诱导练习手段的设计都出自于掷链球技术动作的某一单个基本动作。从动作结构上看与基本动作几乎相同。

（四）链球技术训练的实施

（1）技术训练在整个掷链球训练过程中受不同年龄、不同运动水平的运动员的影响，不同时期掷链球技术的训练，占有的比重也不同（表7-2-1）。

表 7-2-1　不同年龄阶段技术训练所占的比重

阶段	基础训练阶段	初级专项训练阶段	专项提高及高级专项训练前期	高级专项训练阶段后期
年龄	13~15岁	16~17岁	18~24岁	25岁后
比重	15%~20%	20%~305	30%~40%	25%~35%

（2）技术训练的负荷与安排。投掷强度的大小是和训练任务相关联的。当训练任务是要改进技术或学习新技术时，在学习和技术模仿阶段，

一般采用小强度。进入掷链球技术改进阶段后，以中等强度较为合适。当投掷任务是要发展投掷专项能力或进行赛前适应训练时，应加大投掷强度。

参考文献

[1] 林志超. 大学体育标准教程[M]. 北京:北京体育大学出版社,2008.

[2] 曹定汉. 走跑与健身[M]. 合肥:中国科学技术大学出版社,2007.

[3] 刘永东. 田径运动实用教程[M]. 北京:人民体育出版社,2007.

[4] 张贵敏. 田径运动教程[M]. 北京:人民体育出版社,2007.

[5] 李老民. 田径运动教程[M]. 北京:北京体育大学出版社,2008.

[6] 李鸿江. 田径[M]. 北京:高等教育出版社,2008.

[7] 刘建国,范秦海,李建英,等. 田径[M]. 北京:高等教育出版社,2016.

[8] 中国田径协会. 中国青少年田径教学训练大纲[M]. 北京:北京体育大学出版社,2009.

[9] 王向宏. 体能训练理论与方法[M]. 北京:北京航空航天大学出版社,2010.

[10] 李鸿江. 田径[M]. 2版. 北京:高等教育出版社,2008.

[11] 李鸿江. 田径运动高级教程[M]. 北京:高等教育出版社,2010.

[12] 刘建国. 田径运动[M]. 2版. 北京:高等教育出版社,2006.

[13] 文超. 田径运动高级教程[M]. 2版. 北京:人民体育出版社,2003.

[14] 王林. 竞走——现代竞走技术与训练[M]. 北京:北京体育大学出版社,2010.

[15] 孙南,熊西北,张英波. 现代田径训练高级教程[M]. 北京:北京体育大学出版社,2011.

[16] 张英波. 动作学习与控制[M]. 北京:北京体育大学出版社,2011.

[17] 潭成清,李艳翎. 体能训练[M]. 长沙:湖南师范大学出版社,2012.

[18] 吴永海. 田径训练实用手册[M]. 北京:国家行政学院出版社,2013.

[19] 文超. 田径运动高级教程[M]. 3版. 北京:人民体育出版社,2013.

[20] 王瑞元,苏全生. 运动生理学[M]. 北京:人民体育出版社,2012.

[21] 邬孟君,张志胜. 田径运动原理与科学健身实践[M]. 长春:吉林大学出版社,2014.

[22]刘金凤.田径教学与训练[M].成都:西南交通大学出版社,2014.

[23]王平.现代田径运动竞训发展探究[M].长春:东北师范大学出版社,2015.

[24]王丙振.田径运动体能训练[M].北京:化学工业出版社,2017.

[25]王兴林.田径运动概论[M].北京:科学出版社,2009.

[26]孟刚.田径[M].北京:北京师范大学出版社,2011.

[27]李诗瑜.田径运动教学与训练研究[M].北京:人民日报出版社,2017.